Modelle für den neusprachlichen Unterricht Französisch

Herausgegeben von Jürgen Olbert

La Bretagne

Zusammengestellt und bearbeitet
von Christoph und Joelle Steinbrink

D1620469

Verlag Moritz Diesterweg

Frankfurt am Main · Berlin · München

ISBN 3-425-04287-4

Umschlagphoto: «Pointe du Raz» aus der Diapositivserie «La Bretagne»
(MD-Nr. 8985)

Federzeichnungen von Bernhard Steinbrink, Münster/Westf.

Gesamtherstellung: Koehler & Hennemann GmbH, 6200 Wiesbaden

Table des matières

En guise d'avant-propos

Le breton est-il ma langue maternelle? Non: je suis né à Nantes où on ne le parle pas... Suis-je même breton? Vraiment, je le crois. Mais de «pure race», qu'en sais-je et qu'importe?... Séparatiste? Autonomiste? Régionaliste? Oui et non: différent. Mais alors vous ne comprenez plus. Qu'appelons-nous être breton? Et d'abord, pourquoi l'être?

Français d'état civil, je suis nommé français, j'assume à chaque instant ma situation de Français: mon appartenance à la Bretagne n'est en revanche qu'une qualité facultative que je puis parfaitement renier ou méconnaître. Je l'ai d'ailleurs fait. J'ai longtemps ignoré que j'étais breton... Français sans problème, il me faut donc vivre la Bretagne en surplus, ou, pour mieux dire, en conscience: si je perds cette conscience, la Bretagne cesse d'être en moi; si tous les Bretons la perdent, elle cesse absolument d'être. La Bretagne n'a pas de papiers. Elle n'existe que dans la mesure où, à chaque génération, des hommes se reconnaissent bretons. A cette heure, des enfants naissent en Bretagne. Seront-ils bretons? Nul ne le sait. A chacun, l'âge venu, LA DECOUVERTE OU L'IGNORANCE...

Morvan Lebesque, Comment peut-on être Breton?,
© Le Seuil, Paris 1970

1. Carte de la Bretagne

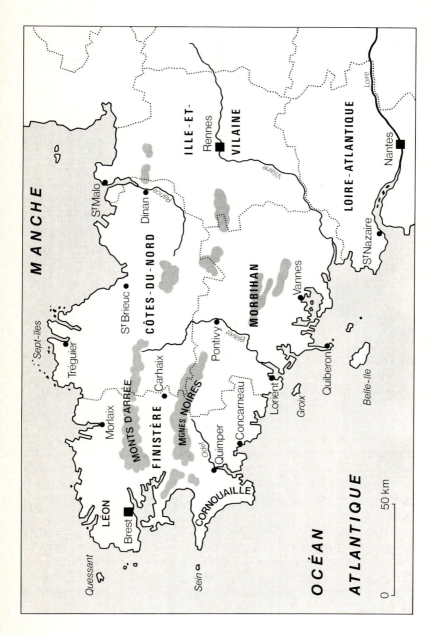

2. Arcoat et Armor

On a souvent dépeint la Bretagne comme une âpre terre de granite où s'opposent un intérieur calme et touffu – l'*Arcoat* ou pays des bois, si peu nombreux cependant – et une côte active, peuplée, vivant de la mer et faisant
5 toute sa gloire et sa réputation – l'*Armor* ou pays de la mer. C'est une vue simpliste et peu exacte.

La terre de granite

Le célèbre granite, s'il est une roche symbolique et prestigieuse, est loin d'être la pierre la plus répandue dans la péninsule. En réalité, tout le socle
10 breton est d'abord formé d'une série de très vieux plissements. Le granite les a pénétrés de façon discontinue. Il apparaît sous des aspects très variés. Dans la plupart des cas, il arme de bas plateaux vigoureusement incisés par les vallées; parfois, il forme relief. Souvent il a été attaqué, sous les climats chauds et humides du début du Tertiaire, et décomposé: alors il donne des
15 cuvettes évidées au pied de crêtes plus résistantes.

Bien qu'il soit très prisé dans la construction, il laisse le plus souvent place, surtout dans les fermes de l'intérieur, aux frustes blocs de schiste. Cette roche est la plus commune sans doute. Elle ne permet pas de vigoureux reliefs, car les eaux la transforment peu à peu en argile, mais plutôt des
20 collines.

Dans l'ensemble, la Bretagne est donc un grand bloc de terrains anciens et assez durs. Elle a été soulevée et basculée au Tertiaire: ce qui lui donne à la fois sa dissymétrie, et l'encaissement vigoureux de ses rivières. A part les différentes formes de reliefs, la Bretagne connaît d'autres divisions régiona-
25 les comme par exemple les nuances climatiques: l'Ouest plus exposé aux dépressions pluvieuses; le Sud plus ensoleillé; l'intérieur, vers Rennes, un peu plus continental: moins arrosé, mais aux écarts de température déjà plus sensibles, aux hivers un peu plus frais; les reliefs, plus âpres et plus froids, où le bocage et les bois le cèdent à la lande.

30 Des oppositions de peuplement et de langue distinguent l'Ouest «breton-nant», contrasté, juxtaposant des pays «rouges» (Trégor, Poher) et des pays «blancs» (Léon, Vannetais); et le pays *gallo,* plus francisé, à la paysannerie plus soumise peut-être, dans l'est des Côtes-du-Nord, l'Ille-et-Vilaine, la Loire-Atlantique.

35 Le dynamisme économique n'est pas moins inégal. Rennes et surtout Nantes ont «polarisé» les relations dans l'est de la Bretagne, mais l'Ouest est plus morcelé, entre des villes qui n'ont pas leur puissance; Brest, la plus peuplée, commence à peine à tisser des liens vraiment étroits avec le Nord-Finistère. Et le Morbihan, dans son ensemble, n'a pas suivi aussi aisément
40 que les autres départements le rythme des rénovations agricoles et du déve-

loppement urbain; il est aussi le plus éloigné des métropoles. L'ensemble de la Bretagne reste donc divisé en cellules assez distinctes.

QUIMPER
SAINT CORENTIN.

Au royaume des vagues et des marées

Tout cela a l'air de négliger un peu les richesses et l'originalité du littoral.
45 Pourtant, la Bretagne est d'abord la mer, ou l'Armor. Mais il est vrai que, si

sur l'Armor se pressent les touristes, celui-ci n'occupe en surface qu'une place discrète: très vite, quelquefois même directement en bordure du littoral, on se trouve dans une campagne bocagère qui semble ignorer la mer.

L'Armor est la partie la plus dense de la Bretagne, mais sur cette bande étroi-
50 te les pêcheurs et les marins ne sont qu'une très petite minorité de la population active de Bretagne. Passé l'été, il revient à son morcellement et à ses problèmes. Les villes mêmes sauf Brest et Lorient, créations artificielles, y sont assez loin vers l'intérieur: là où les rivières encaissées devenaient franchissables, et où convergeaient les voies de circulation; en empruntant les
55 trains qui les relient, au nord et au sud de la Bretagne, on peut complètement ignorer la mer. Vannes, Morlaix, voire Quimper ou Saint-Brieuc sont déjà et surtout des villes de l'intérieur.

Et pourtant, quelles richesses, quelle prodigieuse diversité recèle cet Armor. Nulle part en France on n'a un littoral aussi indenté, nulle part une
60 aussi rapide succession de rochers et de plages, de marais et de falaises, de caps et de baies.

Cela tient à l'ancienneté des reliefs, à la longueur de la lutte entre les vagues et les rochers, aux mouvements du socle qui ont déformé les tracés. Nombre de côtes viennent de cassures et de lents effondrements.
65 En outre, les formes des côtes sont complexes dans le détail, parce que le niveau de la mer a souvent varié: d'anciens rivages étagent leurs petites plates-formes successives, et la mer en érodant révèle de petites plages anciennes, maintenant perchées.

Mais le rythme de travail des puissantes et bruyantes vagues n'a rien de com-
70 mun avec celui des marées, qui sont l'un des grands attraits de l'Armor. Régulièrement, deux fois par jour, il peut y avoir jusqu'à 14 m de différence entre hautes et basses eaux. Le spectacle des ports de pêche ou des abers change complètement selon que la mer est haute ou basse. La plénitude de la haute mer facilite les baignades, la plaisance et l'accostage des bateaux, et
75 donne les plus beaux effets de vagues. La basse mer a d'autres intérêts, mais non moindres: c'est elle qui procure les joies de la pêche à pied, cette quête attentive de cent sortes de coquillages, qui donne l'impression de faire gratuitement de fructueuses récoltes, mais bien compromises en vérité depuis que les touristes vont plus vite à les ramasser que les coquillages à se repro-
80 duire; c'est elle qui fait voir les parcs à huîtres et les bouchots à moules; elle qui permet les récoltes de goémon, si précieuse pour fertiliser les champs; elle qui permet les chevauchées ou les longues promenades sur les rochers à demi rasés par la mer, les sables fermes et les vasières parfois dangereuses.

extrait de:
La Bretagne, coll. Découvrir la France,
© Larousse, Paris 1972

Vocabulaire:

2 **dépeindre:** décrire – 2 **âpre:** rude – 3 **touffu,-e:** épais, dense – 10 **plissement, m.:** déformation des couches géologiques – 15 **cuvette, f.:** dépression fermée de tous côtés – 15 **évider:** creuser – 17 **fruste:** grossier – 24 **encaissement, m.:** fait d'être resserré des deux côtés – 29 **bocage, m.:** type de paysage particulier de l'Ouest de la France, formé de prés fermés par des tas de terre plantés d'arbres – 29 **lande, f.:** terre peu fertile où pousse la bruyère – 37 **morceler:** partager en plusieurs parties – 54 **converger:** se diriger vers un point commun – 58 **receler:** renfermer – 59 **indenté-e:** découpé comme par des dents – 67 **éroder:** ici, ronger, user – 68 **perché,-e:** placé sur un endroit élevé – 72 **aber, m.:** mot breton: profond estuaire de rivière – 74 **accostage, m.:** fait d'arriver au port – 80 **bouchot à moules, m.:** piquet en bois dans les parcs à moules sur lequel les moules s'attachent – 81 **goémon, m.:** algues marines servant d'engrais – 82 **chevauchée, f.:** promenade à cheval – 83 **vasière, f.:** endroit où le sol est boueux.

Questions:

1. Classez le vocabulaire décrivant la mer, la côte, le paysage de l'intérieur.
2. Analysez le style du texte en tenant compte des aspects suivants:
   a) S'agit-il d'un texte purement technique et informatif (voir le vocabulaire)?
   b) Quelle est la fonction des adjectifs qui fréquemment précèdent le nom?
   c) Quels sont parmi les procédés stylistiques suivants ceux qui apparaissent dans le texte:
   – l'antithèse
   – la répétition
   – la question rhétorique
   – l'exclamation
   – la périphrase
   – la comparaison
   – l'image
   d) Quelle est la composition et le degré de complexité de la structure syntaxique?
3. Faites un résumé des principaux traits de la Bretagne intérieure et côtière.
4. Quelles sont les divisions régionales du territoire breton d'après le texte?
5. Qu'est-ce qui explique le faible développement de l'urbanisme en Bretagne?
6. Expliquez l'importance de la côte bretonne pour la vie économique de la région.

Version:

Traduisez en allemand
A partir de: «au royaume des vagues ....» jusqu'à la fin du texte.

3. La Loire-Atlantique, pays breton?

Bretonne et non bretonne, industrielle et touristique, bourgeoise et ouvrière, paisible et rebelle, la Loire-Atlantique accuse les contradictions et se donne un glorieux avenir dans l'Ouest dépassé.

5　La Loire s'épanouit au sud-est de la péninsule bretonne où s'étire, cernée par de profonds bocages ou de clairs vignobles, la plus puissante concentration urbaine et industrielle de Bretagne, prolongée par la plus grande plage bretonne – hors de la Bretagne officielle. Entre l'opulente richesse étalée à La Baule et les vieux hôtels de la grande bourgeoisie d'affaires nantaise se
10　trouve l'un des milieux ouvriers connu parmi les plus tendus. Des paysages aux comportements, des activités économiques aux liaisons régionales, on ne saurait trouver en France une pareille ambiguïté, une juxtaposition aussi contrastée.

L'ensemble forme le département de la Loire-Atlantique, jadis «Inférieur».
15　C'est le type même de département dont l'appartenance régionale reste discutée. Nantes étant l'une des plus grandes villes françaises, on a taillé autour d'elle une région dite des Pays de la Loire, assez curieusement composée, groupant le Maine, l'Anjou et la Vendée. Mais Le Mans et à plus forte raison le Perche n'ont guère de rapports naturels avec Nantes: ils appartiennent
20　davantage au Bassin parisien. La séparation entre Angers et les autres villes de la Loire, de Tours à Orléans, rompt avec une incontestable communauté de situation et de problèmes. Et si la Vendée est, certes, dans l'orbite de Nantes, il en est au moins de même de tout le sud du Morbihan.

Nantes, d'autre part, fut capitale bretonne; elle conserve le souvenir de la
25　reine Anne; elle est peuplée de Bretons, car sa puissance économique a attiré nombre de migrants de la péninsule.

La pénétration de la langue bretonne a, depuis Vannes, atteint la côte entre les estuaires de la Vilaine et de la Loire, englobant la presqu'île de Guérande – et il y a encore un «Marais breton» tout au sud du département, jusqu'en
30　Vendée. Aussi bien, les Bretons revendiquent-ils toujours les pays de la Basse Loire et n'ont-ils jamais admis que Nantes ait été affectée à un commandement extérieur.

Pourtant, bien des traits séparent, depuis longtemps, Nantes de la Bretagne: la solidité des liaisons vers l'est, en direction de Paris et de la Loire moyenne,
35　voire vers le sud, alors que la proximité de Rennes fait apparaître très vite vers le nord-ouest des limites à son rayonnement; la campagne, plus nuancée, où la vigne compte et où les bocages sont plus traditionnels que dans la péninsule: un trait ligérien et un trait de marges armoricaines à la fois; les industries mêmes, nées du grand commerce maritime, si discret en Bretagne
40　propre (…)

Par définition, on pourrait discourir longtemps sur l'appartenance de la région nantaise, ou couper court en disant que Nantes est avant tout... nantaise. Il reste que le passé, la tradition, le sentiment local tendent à y faire dominer comme une odeur de Bretagne; il en sera peut-être différemment
45 vers la fin du siècle, encore que les plans d'aménagement du territoire assignent à la Basse Loire une fonction d'animation étendue qui intéressera, avec d'autres ensembles, toute la Bretagne.

extrait de:
La Bretagne, coll. Découvrir la France,
© Larousse, Paris 1972

Vocabulaire:

5 **s'épanouir:** se développer librement dans toutes ses possibilités – 5 **s'étirer:** s'étendre – 14 **jadis:** autrefois – 16 **tailler:** ici: couper administrativement – 26 **migrant,** m.: celui qui change de pays – 28 **englober:** réunir en un tout – 31 **être affecté à:** rattaché à – 46 **assigner à:** attribuer.

Exercices de vocabulaire:

1. Trouvez, d'après le texte, le deuxième sens des mots suivants:

accuser: { signaler comme coupable

profond: { dont le fond est très bas

discuter: { examiner par un débat

admettre: { autoriser

discret: { qui sait garder un secret

2. Donnez un synonyme des mots suivants:

paisible	compte
cerné	propre
opulent	avant tout
voire	

3. Quels sont les substantifs correspondant aux verbes suivants?

accuser	attirer
épanouir	admettre
tendre	apparaître
rompre	intéresser

11

Questions:

1. Décrivez, à l'aide d'une carte géographique, la position exacte de la Loire-Atlantique.
2. Cherchez à vous procurer de plus amples informations sur l'histoire et l'importance économique de la ville de Nantes.
3. Le fait que certains mouvements politiques bretons revendiquent la Loire-Atlantique comme bretonne est-il justifié historiquement? Référez-vous à des livres d'histoire française.
4. Quelle position l'auteur prend-il en ce qui concerne l'actualité de la question évoquée?
5. Quel est le rôle que Nantes, de par sa position géographique, pourrait jouer à l'avenir? Consultez une carte.

Version:

Traduisez en allemand à partir de:
«Bretonne et non bretonne......» jusqu'à: «le sud du Morbihan».

4. La Bretagne en chiffres

Superficie	:	28.332 km²
Population	:	2.595.000 hab. (1975)
Densité	:	93
Principales villes	:	Rennes, Brest, Lorient, Quimper, Saint-Brieuc, Vannes, Saint-Malo, Fougères, Morlaix, Concarneau....
Départements	:	Côtes-du-Nord Chef-lieu: Saint-Brieuc
		Finistère Chef-lieu: Quimper
		Ille-et- Vilaine Chef-lieu: Rennes
		Morbihan Chef-lieu: Vannes
Agriculture	:	Blé, avoine, seigle, cultures fourragères, pommes de terre, choux-fleurs, artichauts, élevage, pêche.
Industrie	:	Construction navale, prospection de pétrole en mer, métallurgie, constructions automobiles, textile et confection, conserveries alimentaires, chaussure, bois et papier.

II. Histoire de la Bretagne

1. Evolution historique

IIIe millénaire av. notre ère	existence d'une civilisation mégalithique d'origine préceltique
6e s. av. notre ère	les Gaulois arrivent dans la péninsule et lui donnent le nom d'Armor (pays de la mer)
56 av. notre ère	César détruit la flotte des Vénètes, le peuple le plus puissant d'Armor et conquiert tout le pays
après notre ère	pendant quatre siècles, la civilisation romaine impose son influence; puis, les invasions barbares ruinent l'Armor qui retourne presque à l'état sauvage
460	arrivée des premiers Celtes de Grande-Bretagne, chassés de chez eux par les Angles et les Saxons; l'Armor est évangélisé et rebaptisé «Petite Bretagne», devenant Bretagne par la suite; l'Etat politique reste anarchique
799	Charlemagne soumet toute la Bretagne
VIIe siècle	expansion des parlers gaëliques

LE DUCHE DE BRETAGNE

826	Louis le Pieux fait duc de Bretagne un noble Vannetais: Nominoé
845	Nominoé se libère de la suzeraineté franque, rassemble toute la Bretagne sous son autorité et ouvre une dynastie ducale, indépendante
919	grande invasion normande
1297	la Bretagne devient fief royal et est érigée en duché
1341	guerre de Succession à la mort du Duc Jean III

LES MONTFORT

1364–1488	les ducs de la maison de Montfort relèvent le pays; c'est la période la plus éclatante de son histoire; les arts atteignent leur apogée
1488	le duc François II, entré dans la coalition féodale dirigée contre la régente de France, Anne de Beaujeu, est battu et meurt; sa fille, Anne de Bretagne, lui succède

REUNION DE LA BRETAGNE A LA FRANCE

1491	Anne de Bretagne épouse Charles VIII tout en restant duchesse et souveraine de Bretagne
1498	Charles VIII meurt accidentellement, Anne retourne dans son duché
1499	Anne redevient reine de France en se mariant avec Louis XII
1532	Claude, la fille d'Anne, cède le duché à la couronne; François Ier, son mari, fait ratifier cette réunion définitive de la Bretagne et de la France par le Parlement de Vannes
1588	la Bretagne se soulève contre son gouverneur, le duc de Mercœur, qui veut profiter des troubles de la Ligue pour s'approprier la province; le pays est mis à feu et à sang
1598	par l'Edit de Nantes, Henri IV met fin aux luttes religieuses
1789	les Bretons accueillent la Révolution avec enthousiasme
1794	les lois contre les prêtres et la levée en masse donnent naissance à la Chouannerie
1832	une nouvelle tentative de révolte, organisée par la duchesse de Berry, échoue
1858	visite de la Bretagne par Napoléon III dans une atmosphère de loyalisme sincère
1870	les mobiles des cinq départements participent à la défense de Paris
1925	persécutions contre la langue bretonne ordonnées par le ministre De Monzie

Texte inspiré du Guide Vert Bretagne du pneu Michelin

Vocabulaire:

22 **suzeraineté,** f.: dans le système féodal, souveraineté d'un seigneur sur tous les autres – 22 **franc, franque:** dt: fränkisch – 26 **fief,** m.: au Moyen âge, domaine donné par le suzerain à son vassal – 27 **duché,** m.: terre appartenant à un Duc – 32 **apogée,** f.: point le plus élevé.

Travail en groupes:

Préparez de courtes interventions sur les aspects historiques suivants:
- la civilisation celtique
- l'art des monuments mégalithiques
  (voir surtout au chapitre III/1)
- le combat entre Gaulois et Romains
- les invasions normandes
- le règne d'Anne de Bretagne
- l'importance de l'Edit de Nantes
- le mouvement de la Chouannerie
- les révoltes paysannes en Bretagne

2. La préhistoire et l'occupation romaine de la Bretagne

Les origines

On a cru longtemps que la péninsule bretonne n'avait été occupée par
l'homme qu'à une époque récente, car on ne trouvait pas de traces d'établis-
5 sements très anciens. Mais ceci s'explique, d'une part, par l'élévation du
niveau de la mer qui a submergé les zones primitivement peuplées, d'autre
part par l'acidité du sol qui ne permet pas la conservation des ossements.
Mais les fouilles modernes ont révélé des traces d'occupation par l'homme
de Néanderthal au cours de la deuxième période glaciaire, il y a 350.000 ans.
10 Lors de la quatrième glaciation, se manifeste en Europe un type nouveau
d'être humain, semblable à nous physiquement et intellectuellement,
l'homme de Cro-Magnon. Il vit de la chasse et de la pêche et se fabrique des
armes très variées. Il semble avoir été peu nombreux en Bretagne. Il y a
12.000 ans, le climat s'est réchauffé, le sol a commencé à se couvrir de prai-
15 ries et de forêts, le mammouth et le renne se sont retirés vers le nord, laissant
la place aux loups, aux lions et aux castors. Le climat tempéré a permis à
l'homme d'autres modes de vie que la poursuite du gibier. Des tribus se sont
sédentarisées et ont commencé à vivre de la cueillette des fruits, de la collec-
te des coquillages. Ces tribus ont laissé des tas de déchets de cuisine.
20 Un peu après s'est produite la révolution néolithique, caractérisée par l'apparition d'outils en pierre polie, mais surtout par l'invention de la culture et
de l'élevage. Il y a eu alors des migrations de peuples cultivateurs à la recherche de nouvelles terres, de tribus de pasteurs errant de pâturage en pâturage
et de bandes guerrières en quête de pillages. Mais la position particulière de
25 la Bretagne, au bout du monde, fait que tous ces mouvements de population
ne l'ont atteinte que sur leur fin. Mais à partir de 3800 avant notre ère, notre
péninsule devient un des hauts lieux de l'Europe. Elle constitue un centre
religieux. On voit s'y développer la culture mégalithique caractérisée par la
construction de monuments religieux titanesques, formés de pierres brutes:
30 dolmens, menhirs, alignements, cromlec'hs. La datation au radiocarbone a

révélé que les mégalithes armoricains sont les plus anciens de tous. Ces monuments n'ayant pu être édifiés que par un très grand nombre d'ouvriers, on trouve là la preuve de l'organisation supérieure, de type théocratique, de la société armoricaine de l'époque.

35 Les croyances religieuses des Mégalithiens sont marquées par la hantise de la mort, de l'Au-delà, la crainte des Trépassés. Ils ont le sentiment profond de leur dépendance vis-à-vis de la nature et cela se traduit par le culte de la lune, du feu, des pierres, des eaux et par le culte plus ou moins panthéiste de la Déesse-Mère.

40 La péninsule armoricaine était alors isolée du continent par la barrière d'une épaisse forêt. Elle était difficilement pénétrable par la terre. Tournée vers la mer, elle avait plus de relations avec l'Irlande, le Cornwall, la Galice et la Méditerranée orientale qu'avec la Gaule.

L'arrivée des Celtes

45 Au VIIIe siècle avant J. C., sont apparues en Europe centrale des communautés guerrières de nomades qui disposaient d'une supériorité matérielle sur les autres peuples car ils étaient montés sur des chevaux et possédaient des armes de fer. Eux-mêmes se donnaient le nom de «Kelti» (les «Elevés») mais on ne sait si c'était là un nom de classe sociale ou de peuple, ou le nom
50 d'une famille princière. Ils n'atteignirent la lointaine Armorique que vers 300 av. J. C. On y voit encore de nombreux vestiges, très reconnaissables, de leurs villes fortifiées.

Les Celtes possédaient une civilisation originale et très avancée. Ils utilisaient déjà la faux, la charrue à coutre et même une moissonneuse mécani-
55 que très ingénieuse. En plus, ils avaient initié l'Europe à la métallurgie du fer, et on leur doit, entre autre, la brouette et les diverses formes de voitures; ils tissaient de jolis tissus multicolores. Leur art était exclusivement décoratif et d'une grande richesse d'imagination.

Epris de liberté, incapables de se soumettre à l'omnipotence d'un Etat, ils
60 s'organisaient en fédérations de tribus autonomes. Dans leur diversité, ils étaient unis par deux liens puissants: la langue et la religion. Très religieux, les Celtes pratiquaient tous le druidisme. Les druides étaient des sages ayant reçu une formation intellectuelle très poussée et ajoutant à leurs fonctions sacerdotales celles de conseillers des chefs politiques et d'éducateurs de la
65 jeunesse. On n'a du druidisme qu'une connaissance très incomplète car, pour des motifs religieux et pédagogiques, les druides interdisaient l'usage de l'écriture. Tout ce que l'on sait, c'est que, répartis en plusieurs catégories strictement hiérarchisées, les druides avaient en matière de médecine, de sciences naturelles, d'astronomie, etc. des connaissances très supérieures à
70 celles de l'élite romaine.

La conquête par les Romains

A l'automne de l'an 58 av. J. C., la Gaule celtique fut attaquée par des bandes guerrières d'un peuple qui n'avait pas atteint le niveau de civilisation des Celtes mais était terriblement bien organisé pour la conquête militaire: les
75 Romains. Il ne semble pas qu'il faille attacher trop de crédit à ce qu'on nous enseignait naguère au lycée sur la supériorité de ce peuple qu'on nous dépeignait comme venant apporter les lumières de la civilisation à nos ancêtres sauvages et sous-développés. Il faut reconnaître que, comparée aux autres peuples d'Europe, la population romaine était grossière, corrompue et
80 inculte. C'était une société de soudards.

Après la conquête de toute la Gaule, les Romains organisèrent les territoires conquis selon leur politique centralisatrice et assimilatrice, exploitant les peuples asservis et faisant, dans les villes, accepter leur langue, leur culte avilissant de Rome et d'Auguste, leur civilisation matérialiste et leurs dis-
85 tractions dégradantes comme les jeux sanguinaires du cirque. Mais les campagnes restaient celtiques. En Armorique et dans l'île de Bretagne, trop éloignées de Rome, la romanisation fut de peu d'importance: pas d'écoles latines, pas de théâtres, simplement des postes militaires et des routes stratégiques. A partir de 257 de notre ère, les Armoricains ne cessèrent de se
90 révolter et échappèrent de plus en plus à l'autorité romaine qui tentait de se faire respecter en exerçant une horrible répression. Les insurgés armoricains remplacent l'ordre romain par le vieil ordre celtique, établissant des tribunaux qui appliquent le droit ancestral, frappent monnaie, restituent aux paysans les terres dont les occupants les avaient dépouillés. Battues en rase
95 campagne à St Maur, en 286, leurs troupes continuent le combat dans la clandestinité. Au début du Ve siècle, les Armoricains chassent les gouverneurs romains et se choisissent des chefs autochtones.

d'après: Yann Brekilien, le livre des vacances en Bretagne, Quimper, 1972

Vocabulaire:

7 **acidité**, f.: dt.: Säuregehalt – 7 **ossement**, m.: reste du squelette d'un homme ou d'un animal – 8 **fouille**, f.: ensemble des travaux permettant de mettre à jour les ruines enterrées des civilisations disparues – 16 **castor**, m.: dt.: Biber – 18 **se sédentariser**: s'installer, se fixer dans un lieu – 19 **déchets**, m.: restes inutilisables que l'on jette – 23 **errer**: aller au hasard – 24 **en quête de**: à la recherche de – 24 **pillage**, m.: voler des biens d'une façon violente – 30 **cromlec'h**, m.: mot breton: espace entouré de monolithes verticaux de l'âge de la pierre – 35 **hantise**, f.: idée fixe – 36 **trépassé**, m.: mort – 39 **déesse**, f.: forme féminine du mot dieu – 51 **vestige**, m.: reste – 54 **charrue**, f.: dt.: Pflug – 54 **moissonneuse**, f.: machine agricole servant à la récolte des céréales – 56 **brouette**, f.: dt.: Schubkarre – 64 **sacerdotal,-e**: propre aux prêtres – 80 **soudard**, m.: homme de guerre brutal et grossier – 83 **asservir**: réduire à l'esclavage – 84 **avilir**: déshonorer – 85 **sanguinaire**: qui se plaît à tuer – 91 **insurgé**, m.: celui qui se révolte – 93 **ancestral,-e**: relatif aux ancêtres – 94 **dépouiller qn. de qch.**: voler – 94/95 **rase campagne**: terrain découvert – 96 **clandestinité**, f.: dt: Untergrund.

Exercices de vocabulaire et de grammaire:

1. Commencez la première phrase du texte de «on a cru ..... récente», en remplaçant successivement «on a cru que» par:
   on douta longtemps que...
   il est possible que....
   on présume encore que ....
   Il semble que .....
   on a dit longtemps que....

2. Trouvez le substantif correspondant à:
   révéler
   couvrir
   permettre
   caractériser
   édifier
   isoler
   apparaître
   tisser
   interdire
   respecter
   choisir

3. Remplacez les propositions ou membres de phrases suivants par des propositions subordonnées conjonctives:
   a) Il semble **avoir été peu nombreux en Bretagne.**
   b) **Ces monuments n'ayant pu être édifiés que par un très grand nombre d'ouvriers,** on trouve là la preuve de l'organisation supérieure de la société armoricaine.
   c) **Tournée vers la mer,** elle avait plus de relations avec l'Irlande.
   d) Il faut **reconnaître** que, **comparée aux autres peuples d'Europe,** la population romaine était grossière.

4. Expliquez les mots suivants:
   submerger
   pierre polie
   le pasteur
   épris de liberté
   frapper monnaie
   attacher du crédit
   dépouiller

5. Trouvez un synonyme pour:
   au cours de
   épaisse forêt
   autonome
   tenter de
   horrible répression

18

Questions:

1. Résumez brièvement les différentes étapes historiques qu'a traversées la Bretagne.
2 Caractérisez les divers types de croyance religieuse pratiqués dans la Bretagne d'autrefois.
3. Quelle fut la conséquence de l'isolement géographique de la péninsule armoricaine?
4. Comment expliquer le phénomène de pénétration par les Celtes de cette terre difficilement accessible?
5. Quels étaient les traits caractéristiques de la culture celte?
6. Quel était l'avantage d'une organisation en tribus autonomes?
7. Cherchez à trouver de plus amples informations sur le druidisme.
8. Quel jugement l'auteur porte-t-il sur l'époque romaine?
9. Faites une analyse sémantique des adjectifs employés dans la dernière partie du texte.

Version:

Traduisez en allemand à partir de «les Celtes possédaient . . . . . .» (l. 53) jusqu'à «. . . . l'élite romaine» (l. 70).

III. Art en Bretagne

1. L'art préhistorique en Bretagne

Les mégalithes – monuments faits de grandes pierres – ne sont pas propres à
la Bretagne. On en trouve dans de nombreuses régions françaises. Ce qui est
particulier à la Bretagne, c'est la très grande concentration de ces témoigna-
5 ges d'une vieille civilisation. Ils n'ont aucun rapport avec le peuple breton;
ils ne sont même pas celtes: ces pierres sont plus anciennes. Ces édifices ont
été dressés entre 3000 et 1500 av. JC. Ils auraient été élevés, au prix d'efforts
incroyables, par une race mal connue (peut-être les Ibères venus de la Méditerranée), qui a précédé les Gaulois et qui devait avoir atteint un certain
10 degré de civilisation pour être capable de déplacer et de mettre debout des
pierres dont le poids atteint parfois 350 tonnes. Le géant des menhirs bretons (et la pierre la plus lourde du monde jamais déplacée) a été abattu et bri-
sé par la foudre. Il atteignait 23 mètres pour un poids de 348 tonnes. Pour le
rouler, il aura fallu 1750 hommes ou 250 bœufs. Pour le soulever, 300 hom-
15 mes sont nécessaires, répartis sur 40 leviers. Ces données illustrent et préci-
sent les caractères sociaux de cet âge mystérieux du bronze.

Les menhirs sont des pierres brutes, fichées en terre. Des centaines sont dis-
persées çà et là, le plus souvent sur une pente ou sur un sommet, sur un
point d'eau ou à proximité d'une tombe. L'originalité de la Bretagne réside
20 dans les extraordinaires alignements dont Carnac offre les plus beaux
exemples: près de 3000 au total. Malheureusement, les routes et les aménagements récents leur ont enlevé leur beauté et leur mystère. Aucun reste
funéraire n'a été découvert à leur pied. Mais les discussions continuent car
leur destination reste mystérieuse: représentent-ils des sépultures ou sont-
25 ils les témoins d'un culte solaire (ils sont tous orientés astronomiquement
soit sur les points cardinaux, soit sur les levers et couchers de soleil aux sols-
tices), ou sont-ils symboles de puissance?

Les légendes ne manquent pas qui tentent de leur trouver une explication:
la plupart y voient des soldats des armées romaines qui auraient été pétrifiés
30 en attaquant les Gaulois.

Les dolmens, eux, sont des dalles surélevées et considérées comme des
chambres funéraires. Bien des régions n'offrent pas les grottes naturelles
comme sépulture et il semble que ces tombes aient été, en Bretagne, cons-
truites, édifiées en blocs énormes, recouvertes parfois d'une butte de terre et
35 de pierres qui achève la ressemblance avec les cavités souterraines. Beaucoup de ces «tumulus» ont été dégagés et se trouvent à l'air libre aujour-
d'hui. Au nord de la Bretagne, on trouve des allées couvertes, formées d'une

ALIGNEMENTS DE KERMARIO
A CARNAC.

double rangée de pierres dressées, recouvertes de dalles. Certains dolmens
sont gravés, comme le lourd dolmen breton, le «Dolmen des Marchands» à
40 Locmariaquer.
Ces mégalithes ne sont pas les vestiges les plus anciens de la Bretagne. On a
découvert des témoignages préhistoriques antérieurs, mais la Bretagne n'en
est pas riche.
Les Bretons leur ont attaché maintes légendes. Les Romains avaient sculpté
45 certains menhirs à l'image de leurs dieux. Quand la religion chrétienne s'est
implantée, elle a sanctifié de nombreux menhirs en les surmontant de croix
ou en y sculptant des emblèmes chrétiens. Ces pierres se trouvent parfois à
côté d'églises et le peuple continue de les vénérer.
On peut se représenter que toute la population de la Bretagne dut, jadis, tra-
50 vailler et peiner sur les mégalithes de Locmariaquer. L'architecture prend
une dimension nouvelle. Les temps historiques sont proches déjà.

extrait de: La Bretagne, coll. Découvrir la France, © Larousse, Paris
et L'art préhistorique, coll. Les Neufs Muses, P.U.F., Paris, 1966

Vocabulaire:

15 **levier,** m.: barre de bois ou de fer servant à soulever qch. de très lourd – 17 **ficher:**
planter – 19 **résider dans:** consister en – 24 **sépulture,** f.: endroit où repose un mort – 26
le point cardinal, m.: les quatre points cardinaux sont le Nord, le Sud, l'Est et l'Ouest –
26 **solstice,** m.: dt: Sonnenwende – 29 **pétrifier:** changer en pierre – 31 **dalle,** f.: plaque
de pierre dure – 36 **tumulus,** m.: petit mont artificiel de terre et de pierres recouvrant
une tombe – 44 **maint,-e:** nombreux – 46 **sanctifier:** rendre saint.

Exercices de vocabulaire et de grammaire:

1. Dans le paragraphe de «ils auraient été élevés» jusqu'à «leviers» mettre tous les
   verbes au conditionnel afin d'exprimer l'incertitude des données.

2. Trouvez d'autres verbes formés de même que «disperser» à l'aide du préfixe «dis» exprimant la séparation, la différence.

3. Trouvez des antonymes pour les mots suivants:

le géant
récent
naturel
énorme
antérieur

4. Remplacez les membres de phrases suivants par des pronoms personnels ou adverbiaux:
   a) Les mégalithes ne sont pas propres **à la Bretagne.**
   b) Ils n'ont aucun **rapport** avec le peuple Breton.
   c) Les routes leur ont enlevé **leur beauté.**
   d) Aucun reste funéraire n'a été trouvé **à leur pied.**
   e) Les soldats auraient été pétrifiés en attaquant **les Gaulois.**
   d) Beaucoup de ces tumulus se trouvent **à l'air libre.**
   e) Les Romains avaient sculpté certains **menhirs** à l'image de leurs dieux.

Travail en groupe:

1. Essayez de vous procurer du matériel photographique (diapos, photos, dépliants touristiques) sur les vestiges mégalithiques. Présentez-les à vos camarades en les commentant et en rapprochant les mégalithes bretons de vestiges semblables dans d'autres pays (Grande-Bretagne etc.).

2. Munis de dépliants et de guides touristiques, établissez un circuit touristique destiné aux touristes qui s'intéressent à la visite des vestiges celtiques en Bretagne.

2. L'art religieux breton

L'art religieux breton est riche en petites églises, dignes de la mystique Bretagne. Les villes autrefois n'étaient pas riches, aussi est-il un art de paroisses. Les notables et les riches paysans avaient à cœur de faire mieux que leurs
5 voisins.
La Bretagne a ainsi élaboré un art unique en France, que l'on voit dans les célèbres enclos paroissiaux, ensembles monumentaux les plus typiques des bourgs bretons. L'émulation extraordinaire qui existait entre villages explique leur incroyable richesse. C'est à la fois un art frustre mais luxuriant, art
10 de pauvres mais art non pauvre qui s'exprime dans la richesse de la parure des édifices. Art populaire, art réaliste où les compagnons du Christ sont les portraits des Bretons du XVIe siècle, taillés dans le granite. Art mystique où la mort tient la place principale. Un enclos paroissial est formé de l'église, dont le porche est le joyau vaste et décoré. Le cimetière est petit et on y
15 rentre par une porte triomphale.
Mais c'est le calvaire qui a reçu le plus grand soin: ce monument de granite typiquement breton, groupe autour du Christ sur la croix, les épisodes de la

Passion. Beaucoup furent érigés pour conjurer la peste de 1598. Il servait à l'instruction religieuse de la paroisse. Le calvaire a pour ancêtre le menhir
20 christianisé. Le plus ancien date de la fin du XVe siècle. La Bretagne, à l'époque romane était dans une situation misérable.

C'est pourquoi les édifices élevés à cette époque sont peu nombreux. C'est au temps du gothique et de la Renaissance que la campagne s'est couverte d'édifices religieux, églises et chapelles. A celles-ci se sont ajoutées, tout de
25 même, quelques constructions de plus grande ampleur: les cathédrales de Dol, Quimper, Saint Pol de Léon. Les artistes bretons ont partout et toujours su garder leur originalité et rester fidèles à leurs traditions.

texte basé sur: La Bretagne, coll. Découvrir la France,
© Larousse, Paris

CALVAIRE DE PLEYBEN

Vocabulaire:

3 **paroisse,** f.: dt: Pfarrei – 4 **notable,** m.: personne qui occupe une situation sociale importante – 6 **élaborer:** préparer soigneusement – 7 **enclos,** m.: terrain entouré d'une barrière, d'une haie ou d'un mur – 8 **émulation,** f.: désir d'égaler ou de surpasser qn. – 10 **parure,** f.: ici: décoration – 14 **porche,** m.: dt: Kirchenvorhof – 14 **joyau,** m.: chose rare et belle de grande valeur – 18 **conjurer:** écarter par des prières.

Exercices de vocabulaire:

1. «Avoir à cœur»: Trouvez d'autres expressions contenant le mot cœur et donnez-en le sens.

2. Trouvez les substantifs correspondant aux adjectifs suivants:

   riche
   digne
   célèbre
   pauvre
   décoré
   triomphal
   ancien
   misérable
   fidèle

Travail en groupe:

A l'aide de guides sur la Bretagne, essayez d'établir un circuit touristique qui inclut les principaux sites d'art religieux bretons. Expliquez-en les principales caractéristiques. (Sur simple demande, les syndicats d'initiative vous enverront du matériel utile)

Version:

Traduisez en allemand tout le texte.

IV. Bretagne intellectuelle et littéraire

1. Bretagne: pays de conteurs

Un conteur n'est pas seulement celui qui transmet les contes, c'est d'abord celui qui les trouve: un poète, un homme d'imagination, qui ne se laisse pas abuser par les apparences et qui ne prend pas la réalité commune pour de
5 l'argent comptant. C'est un homme de patience qui peut attendre pendant des mois que le conte prenne corps avant de le parler. Plus d'une fois, au cours de mes enquêtes, l'un ou l'autre m'a dit: «Revenez l'année prochaine, j'en aurai peut-être un nouveau». Les conteurs que j'ai écoutés, à quelques exceptions près, étaient des gens déjà sur l'âge. Avant de conter, il faut lais-
10 ser s'accumuler en soi les fruits de longues observations qui se sont décan-tées d'elles-mêmes, sinon vous ne dépasserez pas l'anecdote, vous serez tout juste bon pour égayer les comptoirs, ou divertir les repas de noces. «L'expérience», m'a dit un conteur, «c'est la chair du conte». On commence à conter entre quarante et cinquante ans. Avant, c'est trop tôt, on manque
15 d'assurance; après, c'est trop tard, parce qu'il faut s'exercer longtemps pour atteindre cette maîtrise qui vous donne une sérénité sans laquelle le conte ne saurait produire son plein effet.

Il faut aussi savoir s'arrêter à temps. C'est très dur de parler un conte. Vous devez vous surveiller sans cesse, épier l'effet de vos paroles sur les auditeurs,
20 les tenir au bout de votre langue. Et un conteur trop vieux s'expose à rado-ter, ce qui est la pire des déchéances .... Je n'ai jamais trouvé de conteur parmi les riches. Je crois avoir appris que pour conter, il faut un certain déta-chement des biens de ce monde. C'est difficile quand on est possédant. Le souci de ce qui est à vous, empêche votre esprit de s'attacher à ce qui est à
25 tout le monde et qui ne coûte rien. Le conteur prend son bien là où il le trouve, sans léser personne. Plus il est libre et mieux il conte. Il a seulement besoin de pain. Dans le passé, il a souvent conté pour un pain. Il était men-diant, chemineau, mercier ambulant, pélerin par procuration, assez souvent sans feu ni lieu, c'est-à-dire sans corde ni pieu. Il lui était nécessaire d'être
30 seul pour composer. Le spectacle des hommes est la semence du conte, mais le conte ne peut fleurir que dans la solitude ... Les contes se débi-taient à la nuit tombée, quand les travaux étaient finis. On ne contait pas pendant l'été rouge de la moisson où la fatigue était trop grande, ni au temps des semailles qui préoccupaient les paysans. Mais l'automne et l'hiver
35 voyaient les réunions chez les uns et les autres après le repas du soir, sous le manteau de la cheminée.

«Les autres et les miens» Pierre Jakez Hélias, Plon, 1977

Vocabulaire:

4 **abuser:** tromper – 6 **prendre corps:** se former – 10 **(se) décanter:** s'éclaicir – 12 **égayer:** distraire – 12 **comptoir,** m.: bar – 12 **noce,** f.: mariage – 19 **épier** qc./qn.: observer secrètement – 20 **radoter:** raconter toujours la même chose – 21 **déchéance,** f.: décadence – 22 **détachement,** m.: renoncement – 26 **léser** qn.: faire du tort à qn. – 27 **mendiant,** m.: celui qui tend la main dans les rues pour obtenir de l'argent pour vivre – 28 **chemineau,** m.: personne sans maison, qui parcourt les chemins et vit de petits travaux – 28 **mercier ambulant,** m.: commerçant qui va de village en village et vend ce qui sert à la couture – 28 **pélerin par procuration,** m.: personne qui a été payée pour aller à un lieu saint à la place d'une autre – 29 **sans corde ni pieu:** sans attaches – 31 **se débiter:** se réciter.

Exercices de vocabulaire et de grammaire:

1. Expliquez les expressions suivantes:
   prendre pour de l'argent comptant
   les fruits de longues observations
   les tenir au bout de votre langue
   sans feu ni lieu

2. Trouvez les adverbes correspondant à:
   réalité
   patience
   nouveau
   juste
   assurance
   sérénité
   plein
   homme
   solitude

3. Trouvez les adjectifs correspondant aux quatre saisons:
   printemps
   été
   automne
   hiver

4. Commencez le début du texte jusqu'à «parler» par:
   On peut douter que . . .

Questions:

1. Quels sont, d'après l'auteur, les dons indispensables du conteur breton?

2. Quels dangers guettent le conteur, lorsqu'il n'a pas encore atteint ou déjà dépassé «l'âge mûr» pour son art?

3. Comment expliquer que ce soit surtout parmi les pauvres que se recrutent les conteurs?

4. Quels éléments doivent être nécessairement réunis pour que l'on puisse parler d'un vrai conte?

5. Essayez d'expliquer pourquoi un pays comme la Bretagne se prête particulièrement bien à cette longue tradition du conte.

Version:
Traduisez en allemand le texte intégral.

2. Textes d'écrivains ayant chanté la Bretagne

Le printemps en Bretagne

Le printemps, en Bretagne, est plus doux qu'aux environs de Paris et fleurit
trois semaines plus tôt. Les cinq oiseaux qui l'annoncent, l'hirondelle, le
5 loriot, le coucou, la caille et le rossignol, arrivent avec des brises qui héber-
gent dans les golfes de la péninsule armoricaine. La terre se couvre de mar-
guerites, de pensées, de jonquilles, de narcisses, d'hyacinthes, de renoncu-
les, d'anémones comme les espaces abandonnés qui environnent Saint-
Jean-de-Latran et Sainte-Croix-de-Jérusalem, à Rome. Des clairières se
10 panachent d'élégantes et hautes fougères; des champs de genêts et d'ajoncs
resplendissent de leurs fleurs qu'on prendrait pour des papillons d'or. Les
haies, au long desquelles abondent la fraise, la framboise et la violette, sont
décorées d'aubépine, de chèvrefeuille, de ronces dont les rejets bruns et
courbés portent des feuilles et des fruits magnifiques. Tout fourmille
15 d'abeilles et d'oiseaux; les essaims et les nids arrêtent les enfants à chaque
pas. Dans certains abris, le myrte et le laurier-rose croissent en pleine terre
comme en Grèce; la figue mûrit comme en Provence; chaque pommier,
avec ses fleurs carminées, ressemble à un gros bouquet de fiancée de village!...

F. R. de Chateaubriand, Mémoires d'outre-tombe (1849–1850)

Vocabulaire:

5 **loriot,** m.: dt.: Pirol – 5 **caille,** f.: dt.: Wachtel – 7 **renoncule,** f.: dt.: Butterblume – 8
environner: être autour de – 9 **clairière,** f.: endroit où il n'y a pas d'arbres dans un bois
– 10 **se panacher de qc.:** s'orner de qc. – 13 **aubépine,** f.: Weißdorn – 13 **chèvrefeuille,**
m.: dt.: Geißblatt – 14 **fourmiller:** être en grand nombre – 15 **essaim,** m.: groupe
d'abeilles – 16 **abri,** m.: lieu où l'on est à couvert du temps ou du danger – 18 **carminé:**
d'un rouge vif.

Exercices de vocabulaire et de grammaire:

1. Relevez dans le texte les mots qui expriment l'opulence de la faune et de la flore
   au printemps, en Bretagne.
2. Nommez 3 fleurs et 3 oiseaux qui ne sont pas mentionnés dans le texte.
3. Trouvez le substantif correspondant à:
   doux
   héberger

couvrir
environner
haut
resplendir
courbé
croître

4. Mettez les membres de phrases en caractère gras en relief:
   a) Les cinq oiseaux qui l'annoncent, arrivent **avec des brises.**
   b) Tout fourmille **d'abeilles et d'oiseaux.**
   c) **Les essaims et les nids** arrêtent les enfants à chaque pas.
   d) Le myrte et le laurier rose croissent **en pleine terre.**

Pêcheur d'Islande

Aux heures où Gaud s'en revenait, les choses se fondaient déjà ensemble pour la nuit, commençaient à se réunir et à former des silhouettes. Ça et là, un bouquet d'ajoncs se dressait sur une hauteur entre deux pierres, comme
5 un panache ébouriffé; un groupe d'arbres tordus formait un amas sombre dans un creux, ou bien ailleurs, quelque hameau à toit de paille dessinait au-dessus de la lande une petite découpure bossue. Aux carrefours, les vieux christs qui gardaient la campagne étendaient leurs bras noirs sur les calvaires, comme de vrais hommes suppliciés, et, dans le lointain, la
10 Manche se détachait en clair, en grand miroir jaune sur un ciel qui était déjà obscurci par le bas, déjà ténébreux vers l'horizon. Et dans ce pays, même ce calme, même ces beaux temps, étaient mélancoliques; il restait, malgré tout, une inquiétude planant sur les choses; une anxiété venue de la mer à qui tant d'existences étaient confiées et dont l'éternelle menace n'était
15 qu'endormie.

On sentait l'odeur salée des grèves, et l'odeur douce de certaines petites fleurs qui croissent sur les falaises entre les épines maigres. Sans la grand-mère, elle se serait attardée volontiers dans ces sentiers d'ajoncs.

En traversant ce pays, il lui revenait bien aussi quelques souvenirs de sa
20 petite enfance; ...

La nuit était toujours tombée quand elle arrivait au logis; en rentrant, on voyait d'abord, en face de soi, la lucarne, percée comme dans l'épaisseur d'un rempart, et donnant sur la mer, d'où venait une dernière clarté jaune pâle. Dans la cheminée flambaient des brindilles odorantes de pin et de
25 hêtre, que la vieille Yvonne ramassait dans ses promenades le long des chemins; dans son intérieur, elle portait un serre-tête pour ménager ses coiffes ...

Un des côtés de la chaumière était occupé par des boiseries grossièrement sculptées et aujourd'hui toutes vermoulues; en s'ouvrant, elles donnaient

30 accès dans des étagères où plusieurs générations de pêcheurs avaient dormi, où les mères vieillies étaient mortes ...

Pierre Loti, Pêcheur d'Islande (1883)

Vocabulaire:
2 **se fondre:** se mélanger – 6 **creux,** m.: trou – 6 **hameau,** m.: groupe de quelques maisons – 7 **lande,** f.: terrain où ne poussent que quelques plantes sauvages – 7 **bossu, e:** ici: dt.: wie ein kleiner Hügel – 9 **supplicié, e:** mis à mort – 13 **planer:** constituer une présence menaçante – 16 **grève,** f.: bord de mer – 16 **épine,** f.: arbre ou arbuste aux branches armées d'aiguilles, de piquants – 22 **lucarne,** f.: petite fenêtre – 22 **percer:** faire un trou – 24 **brindille,** f.: petite branche – 25 **hêtre,** m.: dt.: die Buche – 26 **serre-tête,** m.: ruban servant à maintenir les cheveux – 28 **chaumière,** f.: maison au toit de paille – 29 **vermoulu, e:** mangé par les vers.

Exercices de vocabulaire et de grammaire:
1. Expliquez la différence qui existe entre:
   se fondre et se confondre
   un bouquet et un bosquet
   se confier et se fier
   ménager et déménager
   gros et grossier
   accès et abcès.

2. Expliquez par une paraphrase:
   Comme un panache ébouriffé
   Des épines maigres
   La petite enfance
   Un rempart
   Obscurcir

3. Expliquez les faits grammaticaux suivants:
   a) **En traversant** le pays, il lui revenait quelques souvenirs de sa petite enfance.
   b) On voyait, en face de **soi**, la lucarne.
   c) Des boiseries aujourd'hui **toutes** vermoulues.

4. Remplacez les participes présents suivants par une proposition conjonctive ou relative:
   a) Une inquiétude planant sur les choses.
   b) En traversant le pays, il lui revenait quelques souvenirs.
   c) La lucarne donnant sur la mer.
   d) En s'ouvrant, elle donnait accès dans des étagères.

5. Remplacez, dans la troisième phrase du texte, «les vieux christs» par «le vieux christ» et continuez la phrase.

Questions:
1. Quelles sont les couleurs du paysage breton à la tombée de la nuit?
2. Interprétez le symbole de la mer dans le texte.
3. Montrez la capacité visuelle de Loti dans la description du paysage breton.

4. Renseignez-vous, à l'aide de manuels littéraires, sur la vie et l'œuvre de Pierre Loti (1850–1923).
5. Situez l'œuvre de Loti dans le courant général d'une littérature dite «exotique».
6. Rapprochez ce phénomène littéraire des événements historiques de la France de cette époque (monarchie de Juillet, Second Empire).
7. Démontrez l'influence de l'époque romantique.

Portrait de la Bretagne et des Bretons

Cette longue presqu'île, d'un aspect sauvage, a quelque chose de singulier: dans ses étroites vallées, des rivières non navigables baignent des donjons en ruines, de vieilles abbayes, des huttes couvertes de chaume, où les trou-
5 peaux vivent pêle-mêle avec les pâtres. Ces vallées sont séparées entre elles, ou par des forêts remplies de houx grands comme des chênes, ou par des bruyères semées de pierres druidiques autour desquelles plane l'oiseau marin, et paissent des vaches maigres, avec des petites brebis. Un voyageur à pied peut cheminer plusieurs jours, sans apercevoir autre chose que des lan-
10 des, des grèves, et une mer qui blanchit contre une multitude d'écueils: région solitaire, triste, orageuse, enveloppée de brouillards, couverte de nuages, où le bruit des vents et des flots est éternel.
Il faut que ce pays et ses habitants aient frappé, de tous temps, l'imagination des hommes. Les Grecs et les Romains y placèrent les restes du culte des
15 Druides, l'île de Sayne et ses vierges, la barque qui passait, en Albion, les âmes des morts, au milieu des tempêtes et des tourbillons de feu; les romanciers du Moyen Age en firent le pays des aventures, la patrie d'Artus, d'Yseult aux mains blanches, et de Tristan le Léonois. Sur les bruyères et dans les vallées de la Bretagne, vous rencontrez quelques laboureurs cou-
20 verts de peaux de chèvre, les cheveux longs, épars et hérissés; ou vous voyez danser au pied d'une croix, au son d'une cornemuse, d'autres paysans portant l'habit gaulois, le sayon, la casaque bigarrée, les larges braies, et parlant la langue celtique. D'une imagination vive, et néanmoins mélancolique, d'une humeur aussi mobile que leur caractère est obstiné, les Bretons se
25 distinguent par leur bravoure, leur franchise, leur fidélité, leur esprit d'indépendance, leur attachement pour la religion, leur amour pour leur pays. Fiers et susceptibles, sans ambition, et peu faits pour les cours, ils ne sont ni avides d'honneur, ni de places. Ils aiment la gloire, pourvu qu'elle ne gêne en rien la simplicité de leurs habitudes; ils ne la recherchent qu'autant qu'el-
30 le consent à vivre à leur foyer, comme un hôte obscur et complaisant qui partage les goûts de la famille. Dans les lettres, les Bretons ont montré de l'instruction, de l'esprit et de l'originalité, de la grâce, de la finesse, témoin Hardouin, Sévigné, Saint Foix, Duclos. Ils ont donné à la France le plus

grand peintre de mœurs, après Molière, Le Sage; dans les armes, leurs guer-
35 riers ont quelque chose d'à part, qui les distingue, au premier coup d'œil,
des autres guerriers;. . . tous ces soldats eurent des traits de ressemblance; et
par un genre d'illustration peu commun, ils furent, peut-être encore plus
estimés de l'ennemi qu'admirés de leur patrie.

François René de Chateaubriand, «Etudes historiques», 1828

Vocabulaire:

3 **donjon,** m.: tour dans un château fort – 6 **houx,** m.: dt.: Stechpalme – 10 **écueil,** m.
rocher qui dépasse de l'eau – 16 **tourbillon,** m.: mouvement rapide tournant – 20
épars, e: répandu, ici: pas attaché – 20 **hérissé, e:** dressé – 21 **cornemuse,** f.: dt.: Dudel-
sack – 22 **casaque,** f.: veste ou blouse à larges manches – 22 **bigarré, e:** de toutes les
couleurs – 22 **braies,** f.: pantalon large des anciens Bretons – 30 **complaisant, e:**
aimable.

Exercices de vocabulaire et de grammaire:

1. Formez les verbes à partir des adjectifs suivants:
   bleu
   jaune
   noir
   rouge
   vert

2. Expliquez les mots ou expressions suivants:
   une rivière navigable
   un pâtre
   le chaume
   pêle-mêle
   ont quelque chose d'à part

3. Donnez les adjectifs correspondant à:
   la bravoure
   la franchise
   la fidélité
   l'ambition
   la gloire
   la grâce

4. Trouvez les substantifs correspondant aux adjectifs:
   vif
   mélancolique
   obstiné
   fier
   avide
   admiré

5. Expliquez les faits grammaticaux:
   a) Il faut que ce pays et ses habitants **aient frappé** l'imagination de hommes.
   b) Les Romains y placèrent les restes du culte des Druides.

c) Ils aiment la gloire pourvu qu'elle ne **gêne** en rien la simplicité de leurs habitudes.

6. Dans la phrase: «d'une imagination vive et pourtant . . .», remplacez «les Bretons» par «le Breton» et continuez la phrase.

Questions:
1. Relevez dans le deuxième paragraphe tous les mots décrivant le caractère du Breton.
2. Exprimez par des adjectifs les caractères de la Bretagne décrits dans le premier paragraphe.
3. Comment Chateaubriand explique-t-il l'attrait que la Bretagne a exercé de tout temps sur l'imagination des hommes?
4. Démontrez la vigueur sobre et la concentration dans le style du texte.
5. Démontrez l'influence de l'époque romantique.

La Bretagne

Rien de plus sinistre et formidable que cette côte de Brest; c'est la limite extrême, la pointe, la proue de l'ancien monde. Là, les deux ennemies sont en face: la terre et la mer, l'homme et la nature. Il faut voir quand elle
5 s'émeut, la furieuse, quelles monstrueuses vagues elle entasse à la pointe de Saint-Mathieu, à cinquante, à soixante, à quatre-vingts pieds: l'écume vole jusqu'à l'église où les mères et les sœurs sont en prières. Et même dans les moments de trêve, quand l'Océan se tait, qui a parcouru cette côte funèbre sans dire ou sentir en soi: triste jusqu'à la mort! C'est qu'en effet il y a là pis
10 que les écueils, pis que la tempête. La nature est atroce, l'homme est atroce, et ils semblent s'entendre. Dès que la mer leur jette un pauvre vaisseau, ils courent à la côte, hommes, femmes et enfants; ils tombent sur cette curée. N'espérez par arrêter ces loups, ils pilleraient tranquillement sous le feu de la gendarmerie. Encore s'ils attendaient toujours le naufrage, mais on assure
15 qu'ils l'ont souvent préparé. Souvent, dit-on, une vache, promenant à ses cornes un fanal mouvant, a mené les vaisseaux sur les écueils. Dieu sait alors quelles scènes de nuit! On en a vu qui, pour arracher une bague au doigt d'une femme qui se noyait, lui coupaient le doigt avec les dents.*
L'homme est dur sur cette côte. Fils maudit de la création, vrai Caïn, pour-
20 quoi pardonnerait-il à Abel? La nature ne lui pardonne pas. La vague l'épargne-t-elle quand, dans les terribles nuits de l'hiver, il va par les écueils attirer le varech flottant qui doit engraisser son champ stérile, et que si souvent le flot apporte l'herbe et emporte l'homme? L'épargne-t-elle quand il glisse en tremblant sous la pointe du Raz, aux rochers rouges où s'abîme l'enfer de
25 Plogoff, à côté de la baie des Trépassés, où les courants portent les cadavres depuis tant de siècles?

C'est un proverbe breton: «Nul n'a passé le Raz sans mal ou sans frayeur.» Et encore: «Secourez-moi, grand Dieu, à la pointe du Raz, mon vaisseau est si petit, et la mer est si grande!»

* «Je rapporte cette tradition du pays sans la garantir. Il est superflu d'ajouter que la trace de ces mœurs barbares disparait chaque jour.» (Note de Michelet)

Jules Michelet, Origine et tableau de la France (1833)

Vocabulaire:

5 **s'émouvoir:** être agité par une émotion fort – 6 **écume, f.**: mousse blanche qui se trouve à la surface de la mer – 12 **curée, f.**: produit d'un vol, d'un pillage – 14 **naufrage, m.**: fait de couler pour un navire – 19 **maudit, e:** qui est rejeté par Dieu – 22 **varech, m.**: nom des algues rejetées par la mer et qu'on récolte pour les utiliser comme engrais – 24 **s'abîmer:** se plonger.

Exercices de vocabulaire et de grammaire:

1. Quelles sont les comparaisons contenues dans:
   la proue de l'ancien monde
   les moments de **trêve**
   les loups
2. Trouvez un synonyme pour chacun des mots suivants:
   sont en face
   engraisser
   vrai Caïn
   nul n'a passé le Raz
   la frayeur
3. Expliquez les faits grammaticaux:
   sentir en **soi**
   ils **pilleraient**
   pourquoi **pardonnerait**-il à Abel?
   on **en** a vu qui coupaient le doigt avec les dents.
4. Mettez à la forme négative:
   Ils semblent s'entendre
   L'épargne-t-elle quand il glisse?
   Secourez-moi, grand Dieu.
5. Transformez les propositions infinitives en subordonnées conjonctives:
   Il faut **voir** quand elle s'émeut
   Sans **dire** ou **sentir** en soi
   Ils semblent **s'entendre**
   Sans la **garantir**
   Il est superflu **d'ajouter**

Questions:

1. Faites une liste de tout le vocabulaire se rapportant à la mer.
2. Pourquoi les habitants de la Bretagne sont-ils obligés de mener une lutte quotidienne contre les forces de la mer?
3. En quoi la mer et l'homme se ressemblent-ils en Bretagne d'après Michelet?

4. Dans son «Histoire de France», Michelet s'intéressait avant tout au peuple en tant qu'individu et placé dans un étroit rapport avec le monde environnant. Comment exprime-t-il ces liens étroits dans le présent texte?

5. Renseignez-vous, à l'aide de manuels littéraires, sur le courant historique dans la littérature de l'âge romantique. Quel fut son but? Quel rôle Michelet y joua-t-il?

6. Faites une étude comparative de tous les textes littéraires au point de vue style, structure, emploi d'images et de vocabulaire.

EGLISE LOCMARIA QUIMPER.

V. La Bretagne et la langue bretonne

1. Réactions des Bretons devant leur langue

Les habitants de la moitié bretonnante ou Basse-Bretagne ont longtemps été pénalisés par l'emploi de leur langue maternelle qui n'est reconnue ni par l'administration ni par l'enseignement. L'école primaire doit enseigner la
5 langue française aux jeunes ruraux qui avant 1914 l'ignorent dans leur quasi totalité: pour cela elle a parfois recours à des méthodes peu libérales.

Les Bretonnants étaient honteux de leur langue inutile: ils négligent de l'apprendre à leurs enfants ou même leur interdisent de parler breton. Les artisans les plus actifs du recul de la langue bretonne sont les Bretons eux-
10 mêmes, pour qui la promotion sociale passe par l'acquisition d'une pratique courante et si possible correcte du français. Les Bretonnants sont enfermés dans un ghetto social: ils deviennent les ploucs, isolés par la barrière linguistique de l'évolution du monde moderne.

En 1976, la situation linguistique a terriblement évolué: le breton n'est plus
15 la langue quotidienne de la majorité des habitants de Basse- Bretagne. Le français a pénétré dans tous les foyers par le véhicule de la radio et de la télévision, qui n'émettent qu'une heure d'émission hebdomadaire dans la langue régionale. Malgré l'existence d'une presse en breton, la lecture et l'information quotidienne sont en français. Le breton ne reparaît parfois que dans
20 la publicité.

Le recul de la langue bretonne est tel que le touriste peut parcourir la Bretagne des grands itinéraires sans entendre un mot de l'idiome local, ni voir une coiffe authentique. Mais la victoire du français est de façon paradoxale un point positif pour la survie du breton: en effet, comme tout le monde à pré-
25 sent manie la langue nationale, il n'y a plus aucune raison de chasser l'autre langue. Si elle ne sert à rien, on peut avoir plaisir à la comprendre et à la parler: les instituteurs introduisent souvent quelques minutes d'enseignement en breton dans leurs classes à la demande des parents. Etant donné que les enfants parlent couramment le français, cela ne peut faire de mal à per-
30 sonne... Des militants se battent depuis longtemps pour introduire le breton dans l'enseignement à parité avec les langues étrangères.

Une preuve peut-être de la renaissance du breton: malgré des conditions difficiles, de plus en plus de lycéens choisissent l'épreuve de langue régionale au baccalauréat et des milliers d'autres personnes apprennent leur langue
35 dans des cours par correspondance, avec des professeurs bénévoles ou dans les maisons de jeunes.

extrait de: Les dossiers de l'histoire N° 4 juillet / août / septembre 1976

Vocabulaire:

3 **être pénalisé,e:** être puni – 6 **avoir recours à:** faire appel à – 10 **promotion sociale,** f.: fait de monter dans un rang social supérieur – 12 **plouc,** m.: terme injurieux pour désigner quelqu'un de bête – 25 **manier qc.:** utiliser – 35 **bénévole:** qui fait un travail sans être payé.

Exercices de vocabulaire et de grammaire:

1. Donnez le contraire de:

   honteux
   interdire
   la majorité
   le recul

2. Expliquez par une paraphrase:

   la langue maternelle
   les jeunes ruraux
   la renaissance du breton
   des cours par correspondance

3. Trouvez un synonyme pour:

   la **quasi** totalité
   authentique
   véhicule
   à parité avec

4. Complétez le tableau suivant:

hebdomadaire	....
quotidien	....
....	heure
....	mois
....	année

5. Donnez le genre des substantifs suivants:

   l'emploi
   l'administration
   l'enseignement
   l'acquisition
   l'émission
   l'existence
   l'idiome
   l'épreuve

6. Remplacez les membres de phrases suivants par des pronoms:

   a) L'école primaire doit enseigner **la langue française aux jeunes ruraux.**
   b) Les Bretons étaient honteux **de leur langue inutile.**
   c) Ils négligent de l'apprendre **à leurs enfants.**
   d) Les Bretonnants sont enfermés **dans un ghetto.**
   e) Des milliers d'autres apprennent **leur langue dans des cours par correspon-dance.**

7. Transformez les propositions infinitives en propositions subordonnées conjonctives:

a) Ils leur interdisent **de parler breton.**

b) Il peut parcourir la Bretagne **sans entendre un mot de l'idiome local, ni voir une coiffe.**

c) Il n'y a plus aucune raison **de chasser l'autre langue.**

d) On peut avoir plaisir **à la comprendre et à la parler.**

Questions:

1. A quels moyens l'administration a-t-elle eu recours pour imposer l'usage de la langue française aux Bretons?

2. Dans quelles mesures les Bretons ont-ils contribué au recul de leur propre langue?

3. A quoi ce processus d'aliénation linguistique a-t-il mené pour les Bretonnants?

4. Expliquez le paradoxe contenu dans le texte: malgré l'inutilité de la langue bretonne dans la vie actuelle, le breton connaît une certaine renaissance.

5. Quel est l'un des objectifs principaux de combat des mouvements politiques bretons?

6. Définissez, à l'aide d'un dictionnaire, la différence entre les termes suivants: la langue, le dialecte, l'idiome, le parler, le patois.

Débat:

Discutez de l'importance d'une langue comme moyen d'identification culturelle d'un peuple.

2. Mémoires d'un Breton...

Les instituteurs ne parlent que le français bien que la plupart d'entre eux aient parlé le breton quand ils avaient notre âge et le parlent encore quand ils rentrent chez eux. D'après mes parents, ils ont des ordres pour faire comme
5 ils font. Des ordres de qui? Des «gars du gouvernement». Qui sont ceux-là? Ceux qui sont à la tête de la République. Mais alors, c'est la République qui ne veut pas du breton?... Personne dans le bourg ni à la campagne ne parle français... Nous n'avons pas besoin de le faire, disent les parents, mais vous, vous en aurez besoin. Il y a encore des vieux qui ne savent ni lire ni
10 écrire. Ils n'avaient pas besoin de le savoir. Nous, nous avons eu besoin. Et besoin de parler le français à l'occasion. Seulement à l'occasion. Vous, vous en aurez besoin tout le temps. Qu'est-ce qui s'est passé alors? C'est le monde qui change d'une génération à l'autre. Et qu'est-ce que je vais faire de mon breton?...
15 A l'école, il est interdit de parler breton. Il faut tout de suite se mettre au français, quelle misère! Au début, nous avons beau faire, nous entendons du breton dans les paroles de la maîtresse des petits. Ou plutôt, nous essayons, vaille que vaille, de reconnaître dans la suite de sons qu'elle émet

des mots bretons connus. Ce que nous répétons est une cacophonie de bar-
20 botements sonores qui n'a de signification dans aucun langage. Nous nous
mettons bientôt …, à la torture pour fabriquer de petites phrases en
français. Est-ce de notre faute si des mots bretons se glissent dedans?…
«J'ai vu eur chwede ce matin» dit l'un de nous. Le maître écrit au tableau:
«une alouette». Répétez! Mais quelquefois, lui-même, empêtré dans ses
25 définitions, voyant qu'il n'est pas compris, finit par avoir recours au mot breton quand il n'a pas d'image à sa disposition. Avec les images, cela va tout
seul… Mais les mots ne se mettent pas toujours en images. Le maître, sévère, avec une petite lueur dans l'œil, est bien obligé de souffler le terme breton. Toute la classe sourit, respire à l'aise, soulagée. Ah! c'était donc cela!
30 Mais nous avons remarqué qu'il n'a recours à «notre» mot qu'à contrecœur.
Alors, malicieux que nous sommes, nous nous entendons, certains jours,
pour faire semblant de ne rien comprendre à ce qu'il dit. Il a beau s'échiner à
tourner ses explications de trente-six façons, nous gardons des visages de
pierre. Il passe à autre chose. Un quart d'heure après, quelqu'un lève le doigt
35 et demande avec la plus parfaite innocence: «Monsieur, comment on dit en
français firbouchal?» (fureter). Or, c'est précisément l'équivalent de ce mot
que le maître a tenté d'expliquer auparavant… La classe étouffe de joie.
Punition pour tout le monde. Nous sommes de fameux voyous. Nous fini-
rons aux galères.
40 Les voyous, pour le moment, sont les galériens du français. Surtout quand il
faut raconter quelque chose par écrit. Il n'y a qu'une façon de faire. Se
raconter l'histoire en breton, phrase par phrase, et traduire en français à
mesure…
Lorsque l'un d'entre nous est puni pour avoir fait entendre sa langue mater-
45 nelle dans l'enceinte réservée au français, soit qu'il écope d'un verbe insolite
ou irrégulier, soit qu'il vienne au piquet derrière le tableau après le départ de
ses camarades, une autre punition l'attend à la maison. Immanquablement,
le père ou la mère, qui quelquefois n'entend pas un mot de français, après lui
avoir appliqué une sévère correction, lui reproche amèrement d'être la hon-
50 te de la famille, assurant qu'il ne sera jamais bon qu'à garder les vaches…
Est-ce pour cela que la punition infligée dans tout le pays bretonnant aux
écoliers surpris à parler breton s'appelle «la vache»? Elle est symbolisée par
un objet matériel, n'importe quoi: un galet de mer, un morceau de bois ou
d'ardoise que le coupable (!) doit porter en pendentif autour du cou au bout
55 d'une ficelle, et que le maître d'école remet au premier petit bretonnant qui
lui offense les oreilles de fonctionnaire avec son jargon. Quant aux maîtres
d'école, depuis la création des Ecoles Normales, beaucoup d'entre eux sont
des fils de paysans. Ils font souvent comme le père d'un de mes amis. Ils
punissent sévèrement, dans la journée, les élèves qu'ils surprennent à parler
60 breton. Après la classe, leur plus grand plaisir est de parler le même breton

dans leur famille et avec les gens du bourg. Contradiction? Pas du tout. Quand ils ont fini d'être les hussards de la République, ils redeviennent des hommes.

Pas de contradiction non plus dans le comportement de nos parents.... Ils
65 font le sacrifice d'envoyer leurs enfants à l'école pour apprendre le français oral ou écrit alors qu'ils en ont souvent besoin à la maison pour garder les vaches ou les frères et sœurs. Le travail des petits est donc de s'appliquer au français. En parlant breton, ils boudent ce travail...

...Nos parents désirent fermement nous voir apprendre la langue des bour-
70 geois, serait-ce au prix... d'une sorte de reniement de leur langue maternelle... Ils sont humiliés eux-mêmes de ne connaître que celle-ci. A chaque fois qu'ils ont affaire à un fonctionnaire citadin, à chaque fois qu'ils se hasardent en ville, ils sont en butte à des sourires narquois, à des quolibets de toutes sortes...

Extrait du «Cheval d'orgueil» de P. J. Hélias
Mémoires d'un breton du pays bigouden
© Edition Plon, Paris. – 1975.

Vocabulaire:

19 **barbotement,** m.: dt: Geschnatter – 31 **malicieux, se:** qui aime jouer des tours à qn. – 36 **fureter:** chercher partout avec curiosité – 45 **enceinte,** f.: espace fermé – 45 **écoper:** être puni de – 51 **infliger:** faire subir – 54 **porter en pendentif:** porter autour du cou – 70 **reniement,** m.: renoncement – 72 **se hasarder:** oser aller – 73 **narquois,e.:** moqueur et malicieux – 73 **quolibet,** m.: plaisanterie.

Exercices de vocabulaire et de grammaire:

1. Cherchez l'adjectif qui correspond aux substantifs suivants:

   la tête   le doigt
   la campagne   l'homme
   le jour

2. Expliquez: Nous avons beau faire
   vaille que vaille
   de 36 façons
   empêtré dans ses définitions
   à contrecœur
   garder des visages de pierre
   à mesure
   ils sont en butte à ....

3. Expliquez la différence entre:

   Nous **entendons** du breton dans les paroles de la maîtresse.
   Nous **nous entendons** pour faire semblant de ne rien comprendre.
   Le père ou la mère qui **n'entend** pas un mot de français.

4. Commencez les phrases suivantes par «je doute que»:

   a. Il y a encore des vieux qui ne savent ni lire ni écrire.
   b. Vous en aurez besoin tout le temps.

        c. Nous finirons aux galères.
        d. Ils font souvent comme le père d'un de mes amis.
5. Mettez les phrases interrogatives suivantes au discours indirect.
   Commencez les phrases par «il demanda»:
        a. Des ordres de qui?
        b. Qui sont ceux-là?
        c. Qu'est-ce qui s'est passé alors?
        d. Qu'est-ce que je vais faire de mon breton?
        e. Est-ce de notre faute si des mots bretons se glissent dedans?
        f. Comment on dit en français «firbouchal»?
6. Expliquez les formes suivantes:
        a. **Ceux** qui sont à la tête de la République.
        b. **C'**est le monde **qui** change d'une génération à l'autre.
        c. **Ce que** nous répétons est une cacophonie.
        d. Faire semblant de ne rien comprendre à **ce qu'**il dit.
        e. Est-ce pour **cela** que la punition s'appelle «la vache»?
7. Mettez les phrases suivantes à la forme affirmative:
        a. Des vieux qui ne savent ni lire ni écrire
        b. Une cacophonie qui n'a de signification dans aucun langage
        c. Pas de contradiction non plus dans le comportement de nos parents
8. Remplacez par une autre construction:
        a. Il **n'**a recours à notre mot **qu'**à contrecœur
        b. **Se raconter** l'histoire en breton et **traduire** au fur et à mesure
        c. Il est puni **pour avoir fait entendre sa langue maternelle**
        d. Dans tout le pays **bretonnant**
        e. Il font le sacrifice de les envoyer à l'école **alors qu'ils en ont souvent besoin à la maison**
        f. **En parlant breton,** ils boudent ce travail

Questions:
   1. En quoi consiste l'ambiguïté du rôle des instituteurs bretons?
   2. Quelle est l'attitude que les parents ont adoptée vis-à-vis de l'enseignement du français? Résumez cet aspect en étudiant le texte en entier.
   3. Comment les petits Bretons ont-ils ressenti les cours de français? De quelle façon ont-ils réagi contre le fait qu'on leur impose une langue étrangère?
   4. A quelles formes de punition les élèves devaient-ils s'attendre en cas d'infraction?
   5. Quelle est l'attitude des fonctionnaires de l'administration vis-à-vis des Bretonnants?
   6. A quels procédés stylistiques l'auteur a-t-il recours pour rendre vivant son récit?
   7. Relevez quelques images employées dans le texte et expliquez-en le sens.
   8. Faites une analyse stylistique et étudiez les moyens dont l'auteur se sert pour prendre position personnellement.

3. Un combat ambigu

«La langue est l'élément central de la personnalité collective d'un peuple» affirme un député socialiste en accord avec tous ceux pour qui la langue bretonne rend compte des mentalités aussi bien que des réalités. Sans
5 breton, pas de Bretagne.

Mais vouloir que le peuple breton se reconnaisse à sa langue, c'est peut-être la difficulté et l'ambiguïté des mouvements bretons. D'abord parce que cette attitude peut paraître irréaliste. Peut-on admettre que les originaires de Haute-Bretagne, qui ne parlent plus breton depuis le 12e siècle au moins et
10 qui dans certaines régions ne l'ont jamais parlé, n'aient pas la même aptitude à être breton que ceux du Trégor ou du Léon?...

Ensuite, parce qu'appuyer sans réserve la revendication linguistique bretonne peut conduire à des assimilations et à des arguments hâtifs. Quand certains évoquent le facteur d'aliénation que fut l'école pour les Bretons, ne
15 croient-ils pas qu'il a été préférable d'instruire en français que de ne pas instruire du tout? Les instituteurs avaient-ils vraiment tort d'agir ainsi, et les nouvelles pistes de la liberté doivent-elles brouiller obligatoirement celles d'autrefois? L'Union Démocratique Bretonne qui se veut un parti breton au service exclusif de son peuple et de sa langue ne risque-t-elle pas de mettre
20 entre parenthèses les raisons pour lesquelles le français a, depuis cinquante ans, chaque jour gagné du terrain?

Dans le domaine culturel enfin, les récupérations donnent parfois lieu à des débordements qui peuvent être gênants. Ne voit-on pas les mouvements d'extrême-gauche accepter dans leurs rangs le directeur du journal «La Bre-
25 tagne» sous l'occupation? Leurs adversaires ont beau jeu de rappeler que le mouvement breton n'a pas su toujours éviter l'écueil d'un nationalisme étroit et peu regardant.

Aux côtés de ceux qui croient à l'avenir du breton comme seule langue régionale, on trouve des réalistes qui utilisent ou apprennent le breton dans
30 la seule intention de s'adresser aux bretonnants et de mieux faire passer leurs idées. La langue reflète-t-elle à elle seule tout l'univers mental d'un individu ou bien n'est-elle qu'un outil permettant de communiquer? Si oui, la fonction de cet outil n'est-elle pas de tendre vers l'universel?

Qui ne voit les dangers de la conception des mouvements bretons poussée à
35 l'extrême: le repliement sur soi, le refus des autres, l'exaltation exacerbée des particularismes...

Les peuples muselés sont à plaindre plus que ceux qui ne peuvent exprimer leur révolte que dans une langue étrangère. Les Bretons n'en sont d'ailleurs pas là: la langue bretonne ne regagnera peut-être jamais le terrain perdu,

40 mais la culture bretonne est-elle condamnée pour autant?
Déjà, pour une partie de la jeunesse, celle-ci suffit à combler le vide laissé par le refus d'une civilisation française trop uniforme. Le danger n'est-il pas que, pour exprimer son refus, elle s'enferme dans le refuge de la langue?

Article extrait du Monde, numéro du lundi 8 décembre 1975

Vocabulaire:

13 **hâtif,-ve:** qui se fait trop vite – 17 **brouiller:** rendre trouble – 23 **débordement, m.:** excès – 35 **exacerber:** pousser à l'extrême – 37 **museler:** empêcher de parler, de s'exprimer – 41 **combler:** remplir un vide.

Exercices de vocabulaire et de grammaire:

1. Expliquez les expressions suivantes:

    gagner du terrain
    avoir beau jeu
    éviter l'écueil
    pousser à l'extrême
    les peuples muselés
    mettre entre parenthèses

2. Donnez le genre des mots suivants:

    l'élément
    l'aliénation
    l'occupation
    l'écueil
    l'avenir
    l'univers

3. Complétez:

. . . .	. . . .	affirmer
hâtif	. . . .	. . . .
exclusif	. . . .	. . . .
. . . .	la liberté	. . . .
. . . .	la raison	. . . .
. . . .	. . . .	utiliser
. . . .	. . . .	plaindre

4. Quelle est la différence entre:

    rendre compte et rendre des comptes
    préférable et préféré
    d'ailleurs et ailleurs
    une partie et un parti
    le refus et le refuge
    la côte et le côté

5. Expliquez les faits grammaticaux suivants:

    a. Mais vouloir que le peuple breton **se reconnaisse** à sa langue.
    b. Ne risque-t-elle pas de mettre entre parenthèses les raisons pour **lesquelles** le français a gagné du terrain?

6. Remplacez dans la phrase:

«Ne croient-ils pas qu'il a été préférable d'instruire en français que de ne pas instruire du tout?»
le verbe «croire» par: douter
                        sembler
                        craindre
                        se demander

Questions:

1. En quoi une langue peut-elle rendre compte des «mentalités et des réalités»?
2. Le breton peut-il encore remplir cette fonction à l'heure actuelle? Justifiez votre réponse.
3. Quelle est la position de l'auteur face à l'enseignement donné exclusivement en français?
4. Contre quels dangers l'auteur met-il en garde certains mouvements bretons? Est-ce justifié?
5. En quoi la langue bretonne se prête-t-elle assez mal à un combat politique?

Version:

Traduisez en allemand à partir de «la langue est ....» jusqu'à «gagné du terrain».

VI. Folklore en Bretagne

1. Les traditions, le folklore et les costumes

On a tant abusé du mot «folklore» – souvent pris comme péjoratif – qu'il a fini par perdre sa signification. On l'emploie même généralement à contresens. On qualifie de ‚folklorique‘ ce qui n'est pas conforme au style de vie
5 actuel, ce qui veut ressusciter le passé, ce qui semble artificiel et peu sérieux. Or le folk-lore, au vrai sens du terme, c'est le contenu actuel de la vie populaire.

Avant la guerre de 1914, la vie paysanne, en Bretagne, était enrichie et enjolivée par tout un ensemble de coutumes, de cérémonies, de fêtes de toutes
10 sortes: fêtes de saisons, fêtes religieuses, fêtes familiales, fêtes du travail. C'était tout un ensemble de rites, par exemple celui du folklore nuptial. Il comportait des rites complexes, depuis la recherche de la fiancée qui s'était cachée avec sa fille d'honneur, la joute oratoire entre son avocat et le mandataire du fiancé, la capture de la jeune fille par son futur époux qui lui
15 passait une sangle de cheval autour de la taille, le départ pour l'église à cheval, au galop, les femmes en croupe derrière les cavaliers, le partage du pain et du vin entre les jeunes époux à l'issue de la messe, les danses sur la place du bourg, le repas de noces à la ferme entrecoupé d'autres danses, jusqu'à la cérémonie de la soupe au lait portée aux mariés dans leur lit. Le tout
20 était accompagné d'un bout à l'autre par des airs de circonstance sonnés au biniou.

Aujourd'hui, le folklore du mariage, en Bretagne comme ailleurs, se limite à un peu spirituel concert de klaxons de voitures.

Outre les coutumes marquant les étapes de la vie et le cycle des saisons, le
25 folklore breton comprenait un certain nombre de pratiques plus ou moins païennes et la croyance en une multitude d'êtres surnaturels. Parmi les pratiques païennes, nous citerons l'utilisation thérapeutique ou divinatoire des fontaines et des rites de fécondité consistant pour les femmes à se frotter le ventre contre un menhir ou à s'asseoir sur un dolmen. Quant aux êtres sur-
30 naturels, il y a l'ANKOU, personnification de la mort, que l'on imagine sous l'aspect d'un squelette à chevelure blanche, habillé comme les laboureurs du pays. Il tient à la main une faux, emmanchée à l'envers car il moissonne en la poussant devant lui.

Il y avait en plus de jeunes et jolies fées qu'on voyait peigner leurs longs
35 cheveux d'or au bord des fontaines et danser, toutes blanches, sous les rayons de la lune; des fées vieilles et laides, avec des barbes de bruyère et des cheveux mêlés d'épines noires, vivant sous les dolmens. Y vivaient également des tribus de nains.

Mais toutes ces croyances ne sont plus que des souvenirs.

Les costumes bretons

Bien qu'ils soient en voie de disparition, la Bretagne est une des dernières régions d'Europe occidentale à posséder encore des costumes locaux portés dans la vie courante.

Il n'y a pas un costume breton, mais une infinité de costumes de clan, très
45 différents les uns des autres. A aucun moment, le costume d'un clan n'a été fixé de façon immuable. Il y a eu une continuelle évolution, mais chaque «guise» a évolué selon l'esprit particulier du clan. L'instinct artistique était tel chez nos paysannes que la transformation d'un élément de la toilette, notamment de la coiffe, ne se faisait pas sans une modification de la ligne
50 générale du costume, de manière que l'harmonie ne fût pas rompue. Ceci explique la complexité, mais en même temps la souveraine beauté, des modes bretonnes.

Les costumes les plus riches et les plus variés sont ceux de Cornouaille. Ce ne sont que broderies, velours, dentelles et rubans. Tout le monde connaît
55 les somptueux atours des filles du pays de l'Aven avec leur coiffe aux anses de dentelle dont jaillissent des rubans de soie de couleur claire, leur ample collerette tuyautée et leur robe longue de velours brodé aux larges manches. Célèbre est aussi la coiffe «bigoudenn», devenue une sorte de blanc menhir dressé vers le ciel. Elle implique une jupe courte et un corsage dégageant
60 bien le cou. Les broderies jaunes, orange et rouges forment sur la poitrine et les bras une véritable carapace. Elles dessinent des motifs symboliques curieusement proches de ceux qui figurent sur certains monuments mégalithiques.

Les costumes traditionnels des hommes se composent d'un gilet croisé et
65 d'une veste droite, non boutonnée. Il n'y a plus de pantalon spécial: les fameux «bragou bras» plissés, issus du kilt, ont depuis longtemps disparu. L'ensemble de l'habillement est noir, sauf dans la région de Quimper où il est bleu et à Plougastel où s'allient le bleu, le vert et le violet. Contrairement à ce que dit une chanson, les Bretons n'ont pas de chapeaux ronds, mais des
70 feutres de formes très diverses variant selon les clans. La plupart sont ornés de rubans de velours dont les deux pans tombent dans le dos.

Un certain nombre de coiffes et même de costumes – mais sans broderie – sont encore portés dans la vie courante par les personnes d'âge mûr, que ce soit le dimanche, à la messe, ou sur un champ de foire. Il y a une vingtaine
75 d'années seulement, en de nombreuses paroisses, presque tout le monde revêtait les habits brodés pour les fêtes religieuses et les noces. Mais les jeunes, eux, ont complètement abandonné les costumes traditionnels. Ils ne les portent plus que dans les fêtes dites «folkloriques», quand ils font partie d'un groupe de danseurs.
80 Les nouvelles générations aiment leurs aises et, en outre, les lourds habits de velours tiennent chaud obligeant à un maintien altier et interdisant tout

laisser-aller. Mais un autre fait vient s'y ajouter: il est admis maintenant chez les jeunes que «le folklore» est un signe «d'aliénation», que le peuple breton est un peuple majeur qui a autre chose à faire qu'à se donner en spectacle et que la volonté bretonne doit se manifester sur des terrains plus brûlants. On considère – ce qui me paraît pour le moins paradoxal – qu'adopter les modes vestimentaires de Paris ou de New-York ce n'est pas s'aliéner, tandis que s'habiller suivant l'esprit de la tradition ce l'est. Le plus curieux, c'est que la condamnation sans appel du «folklore» ne vise, en définitive, que le costume, car on en excepte formellement les danses bretonnes, le biniou et les sports populaires dont on vous dira: «ce n'est pas du folklore, c'est la vie.»

Les danses bretonnes

Elles sont aussi nombreuses que les costumes. Chaque clan a sa façon de danser et le répertoire d'un terroir donné comporte généralement une suite traditionnelle de trois danses, celle du milieu étant une danse de détente et la dernière une danse plus vive ou plus compliquée. Il s'agit toujours de danses de style et non de danses à figures. La plupart sont de ces légers piétinements «à la cadence courte et juste», comme disait Mme de Sévigné, qui convenaient aussi bien, naguère, pour exprimer la joie dans les noces que pour tasser le sol de l'aire à battre ou pour écraser les capsules de lin.
Les danses bretonnes excluent les apartés en couple, ce sont des danses collectives. Elles se déroulent en rondes ou en chaînes, ou encore en cortèges. Un grand nombre de danses, traditionnellement sont chantées. D'autres sont accompagnées par des instruments de musique qui peuvent être des violons, des clarinettes, une vielle ou un accordéon, mais qui sont de préférence les instruments typiquement bretons: la bombarde et le biniou.
Le biniou appartient à la famille des cornemuses, très proche du bag-pipe écossais, mais en bien plus fruste. Un sonneur breton ne sonne jamais seul, mais en compagnie d'un compère, le «talabarder», qui se sert d'un hautbois rustique, au son très riche, la bombarde. C'est elle qui mène le jeu, le biniou ne fait que l'accompagner et répéter les motifs en écho pendant que le talabarder reprend son souffle.
Une formule nouvelle de formation musicale a vu le jour depuis la dernière guerre: le «bagad». Il s'agit d'un groupe important de bombardes et de binious auxquels s'ajoute une batterie. Ce n'est plus tout à fait de la musique populaire mais un art véritable. Des concours annuels opposent les meilleurs sonneurs de couple et les meilleurs bagadou.

Bretagne, pays des pardons...

Il n'est pas de fêtes auxquelles le Breton soit plus attaché que ces assemblées, à l'occasion de la fête d'un saint, autour d'une grande basilique ou d'une humble petite chapelle perdue dans la campagne. Les rites religieux

et les plaisirs profanes (fête foraine, compétitions sportives, danses bretonnes) y sont étroitement associés. On les nomme «pardons» parce que les
âmes pieuses viennent y chercher l'effacement de leurs péchés.

EGLISE DE ST·BRIEUC.

125 La fête est souvent précédée par une veillée autour d'un grand feu. Entre la
grand-messe et les vêpres, la plupart des «pardonneurs» pique-niquent sur
place. Puis, une procession sort du sanctuaire et toute l'assistance s'y joint,
tandis que les cloches sonnent à toute volée. En tête vient le porteur de la
croix processionnelle, suivi par la bannière paroissale et celles plus petites
130 des saints, des saintes et toutes les «Notre-Dame» des environs, puis ce sont
les statues et les reliques des saints. Les bannières et statues de la paroisse
sont suivies de celles des paroisses voisines. Ensuite vient le clergé et enfin
toute la foule des pèlerins, notables en tête.

La procession fait le tour du bourg ou celui de la chapelle ou descend jusqu'à une fontaine sur laquelle les prêtres prononcent des paroles de béné-
diction.

Malheureusement, les pardons sont en voie de disparition, victimes du
modernisme d'un jeune clergé qu'ennuie la religiosité mystique des Bretons. Le culte des saints n'ayant pas sa place dans la lutte des classes et la
célébration des offices dans une petite chapelle de campagne, éloignée du
bourg, faisant perdre un temps précieux aux vicaires animateurs d'équipes
de football, nombre de petits pardons ont été supprimés.

Il est, pourtant, resté un pardon qui a conservé toute sa couleur et tout son
sens religieux, c'est **la Troménie de Locronan.** Mais il est inutile d'y venir si
ce doit être simplement pour regarder passer les pèlerins: il faut y participer
et la suivre sur ses quatre ou douze kilomètres. La légende veut que quiconque n'a pas fait la grande Troménie au moins une fois dans sa vie, devra la
faire après sa mort et n'avancera chaque nuit que de la longueur de son cer-
cueil.

extrait de: Yann Brekilien, le livre des vacances en Bretagne, Quimper 1972

Vocabulaire:

13 **joute,** f.: combat où chacun cherche à renverser l'autre – 14 **mandataire,** m.:
défenseur – 15 **sangle,** f.: bande large de tissu ou de cuir – 16 **en croupe:** à cheval
derrière la personne en selle – 26 **païen,-ne:** qui n'a pas à voir avec la religion
chrétienne – 32 **faux,** f.: outil pour couper le blé – 32 **emmancher:** munir un outil d'un
bâton de bois par lequel on le tient. – 38 **nain,** m.: être tout petit – 55 **atours,** m.: tout ce
qui sert à la parure des femmes – 55 **anse,** f.: partie recourbée d'une tasse, d'une
cruche... qui permet de les saisir – 56 **jaillir:** sortir de façon subite et puissante – 57
collerette, f.: partie des habits que l'on mettait autrefois autour du cou – 57 **tuyauté,-e:**
plissé d'une certaine manière – 61 **carapace,** f.: ce qui protège comme une armure – 71
pan, m.: morceau d'étoffe ou de ruban qui pend – 81 **altier,-ère:** qui possède l'orgueil
du noble – 89 **viser qn., qc.:** vouloir toucher – 97 **piétinement,** m.: action de remuer et
de frapper les pieds contre le sol sans avancer – 100 **tasser:** taper pour rendre plat – 100
lin, m.: plante servant à faire des tissus – 101 **aparté,** m.: entretien particulier entre
deux personnes – 105 **vielle,** f.: dt: Drehleier – 108 **fruste:** grossier, primitif – 109
compère, m.: compagnon – 124 **pieux,-se:** qui est attaché à la religion – 128 **à toute
volée:** avec force.

Exercices de vocabulaire et de grammaire:

1. Trouvez un synonyme pour:

   A l'issue de la messe
   Entrecoupé d'autres danses
   Outre les coutumes
   Sont **en voie de disparition**
   Nombre de petits pardons
   Quiconque n'a pas fait

2. Trouvez des antonymes pour:

rites **complexes**
à l'envers
différents les uns des autres
l'âge mûr
étroitement associés
précédé

3. A quoi pensez-vous lorsque vous lisez les mots:

anse de dentelle
jaillissent les rubans
carapace
âge **mûr**

4. Posez les questions qui portent sur les parties de phrases suivantes:

a. On a tant abusé **du mot folklore.**
b. L'ANKOU que l'on s'imagine **sous l'aspect d'un squelette à chevelure blanche.**
c. Les nouvelles générations aiment **leurs aises.**
d. Le biniou appartient **à la famille des cornemuses.**
e. Il s'agit **d'un groupe important de bombardes.**

5. Expliquez les faits grammaticaux suivants:

a. les broderies jaunes, **orange** et rouges
b. un certain nombre de coiffes et même de costumes sont encore **portés** dans la vie courante.
c. ce **l'est**
d. Il n'est pas de fêtes auxquelles le Breton **soit** plus attaché
e. toute l'assistance s'**y** joint
f. il faut **y** participer

Questions:

1. Quelles sont les différentes significations que le mot folklore a prises aujourd'hui? Comment expliquer sa variante péjorative?

2. Montrez en quoi les différentes fêtes d'autrefois étaient rattachées à des moments précis de l'année. Quelle était donc leur valeur pour la vie de la communauté bretonne?

3. Comment peut-on expliquer la disparition de certaines traditions folkloriques en Bretagne?

4. Que peut-on déduire de l'attachement des Bretons aux coutumes païennes maintenues jusqu'au début du XXème siècle?

5. Qu'est-ce qui s'exprime à travers cette grande diversité de coutumes qu'a connue la Bretagne? Pensez également au facteur social.

6. Qu'est-ce qui caractérise l'attitude des jeunes Bretons vis-à-vis de cette tradition vestimentaire?

7. Pourquoi le maintien du costume est-il souvent considéré comme une forme d'aliénation?

8. Comment l'auteur juge-t-il cette attitude des jeunes?

9. Quels sont les traits caractéristiques des danses bretonnes?

10. Les danses, la musique, les fêtes religieuses se pratiquent en Bretagne avec
le concours de nombreux participants. Que peut-on en déduire sur le caractère breton?

Travail en groupe:

Procurez-vous du matériel visuel (cartes postales, diapos, dépliants) présentant divers
costumes bretons à l'aide desquels vous présenterez les différentes régions de la Bretagne avec leurs particularités.

2. Images et clichés à propos du Breton

Les aventures de Bécassine

C'est en 1905 que Maurice Languereau fit paraître pour la première fois
dans un journal pour enfants: «la semaine de Suzette», l'histoire d'une petite
Bretonne, Anaïk Labornez, née à Clocher-les-Bécasses, dont le nom (la bor-
née = die Beschränkte) indique déjà son trait de caractère dominant. Ces
histoires racontent les mésaventures de Bécassine (une bécasse est une personne peu intelligente), jeune Bretonne naïve, sosotte, dévouée, maladroite,
qui a quitté son village pour s'engager comme bonne à Paris chez la Marqui-
se de Grand-Air. A l'époque, la péninsule Armoricaine fournissait un fort
contingent d'employées de maison.

A son époque, Bécassine se trouva investie d'un discours idéologique bien
précis: c'est une chronique de la vie d'une aristocratie sur le déclin, d'une
classe qui jette ses derniers feux dans une France à laquelle elle n'est plus
adaptée. C'est aussi une histoire qui montre bien l'attitude des gens de Paris
vis-à-vis de la province.

Les aventures de Bécassine sont quelque peu tombées dans l'oubli malgré
son extraordinaire succès pendant plus d'un demi-siècle.

D'un trait, elle acheva sa lettre en ces termes : « ... *pour vous dire que ça serait trop long de vous dire en écrit tout ce que j'ai à vous dire et que ça servirait à rien, vu qu'on s'en va au pays, Loulotte et moi, et qu'on y sera jeudi pour dîner, sauf retard du train ou imprévu.* »

Elle relut cette remarquable lettre, dont nous ne modifions que l'orthographe, et en fut contente. « C'est pas long, murmurat-elle, et ça dit ce que ça veut dire. » Elle s'aperçut qu'elle parlait à voix presque haute. Craignant d'avoir réveillé Loulotte.

... elle alla à son lit. La petite fille dormait paisiblement. Bécassine se dit qu'elle avait bien grandi et embelli depuis que ses parents l'avaient vue, qu'ils seraient contents d'avoir son portrait. Elle en choisit un tout récent...

... le glissa dans l'enveloppe préparée, sur laquelle elle colla un timbre de cinquante centimes, regarda la pendule et reprit son monologue intérieur : « Dix heures, c'est pas très tard. Peut-être qu'en mettant la lettre ce soir elle partirait tout de suite.

« ... Ma foi, j'vas faire un saut jusqu'à la poste. » Elle eut quelque peine à se faire ouvrir la porte de l'hôtel. Le concierge manifesta sa surprise de la voir sortir la nuit : « Une course pressée », expliqua Bécassine.

Sur le seuil, une bourrasque de vent et de pluie l'assaillit : « Allons, bon ! bougonnat-elle, le temps a changé sans prévenir et je n'ai pas pris mon parapluie. Tant pis ! la poste n'est pas loin. » Elle y courut, ça s'arrêta, hésitante...

... devant la boîte des pneumatiques. « On m'a dit que les pneus ça voyage par un tube dans lequel les employés soufflent, et que ça va comme le vent, c'est le cas de le dire. Ça doit être le gros du premier guichet qui souffle...

« Quand il respire, ça soulève les papiers de son bureau... Mais y a-t-il un tube jusqu'à Clocher-les-Bécasses ? et s'il y en a un, est-ce que le gros est là à cette heure-ci pour souffler et expédier mon enveloppe en Bretagne ?

« ... Décidément, vaut mieux être prudente et mettre la lettre dans la boîte aux lettres. » Ce qu'elle fit. Puis elle regagna l'hôtel de Mme de Grand-Air, galopant en grande hâte sous l'averse, dont la violence redoublait.

51

VII. A l'ouest du nouveau

1. La vocation touristique: des Marinas aux légendes!

Depuis 1978, l'année de la marée noire de l'Amoco Cadiz, le tourisme breton est entré dans une ère de fragilité. Et il faudrait probablement des années pour remonter la pente après cette catastrophe.

1965–1970: des projets mirobolants

Face à un tourisme aussi claudiquant, il devient malséant de remettre en cause la vocation touristique de la Bretagne. On ne tire pas sur une ambulance. Ce qui n'a pas empêché la guérilla contre tel ou tel projet d'aménagement touristique de se poursuivre. Les Bretons n'acceptent plus n'importe quoi en Bretagne et ils le font sentir. C'est, au demeurant, l'un des secteurs où, depuis une dizaine d'années, ils ont obtenu le plus de victoires et non des moindres! Un petit chapitre d'histoire récente s'impose pour mieux comprendre le sentiment des Bretons:
C'est dans les années 1965–1970 que les grands projets d'aménagement touristique de la Bretagne ont pris leur essor. Sur l'ensemble du littoral, des projets mirobolants ont fleuri. Un nouveau vocabulaire est apparu, qui faisait rêver à la fois les promoteurs et surtout les élus: marina, yotel, complexe d'accueil, pôle touristique d'équilibre... Le développement touristique allait être enfin à la dimension des besoins, s'adapter au défi de la civilisation des loisirs. Il convenait de mettre en valeur «une mine à ciel ouvert», selon l'expression d'un architecte-urbaniste brestois. Le tourisme allait sortir la Bretagne de son ornière; ou, comme l'écrivait le «Télégramme», le quotidien finistérien, la Bretagne «allait se donner les structures d'accueil et d'animation qui lui permettront de tenir son rang dans la partition du tourisme moderne». On y croyait ferme à la fonction salvatrice du tourisme!

Des marinas sur orbite

Sur l'ensemble du littoral, c'était la course à l'équipement. La Forêt-Fouesnant avait, la première, mis une marina sur orbite. Qu'à cela ne tienne: Fouesnant, sa voisine, répliquait avec le projet de création d'une nouvelle station balnéaire, surgie ex-nihilo des marais de Beg-Meil. Ce que voyant, Bénodet, un peu plus loin, prévoit l'implantation d'un yotel (hôtel pour yachtmen). Et ainsi de suite sur toute la côte sud. Le littoral breton tout entier est pris en étau.
Ce que n'avaient pas prévu les technocrates et les élus, c'est que, pour chaque projet, il allait se créer un comité de défense des sites, animé dans la

plupart des cas par les premiers intéressés, les riverains, gens du pays et rési-
dents secondaires. Ces gens, en général peu portés sur la manifestation
spectaculaire ou le coup d'éclat, préfèrent la bataille juridique à l'occupation
des lieux. Le Tribunal Administratif de Rennes fut le théâtre – et continue
40 de l'être – de joutes à coup de textes de loi, d'arrêtés, de décrets. A la pointe
de ce combat: le comité de défense des sites de la baie de la Forêt-Fouesnant... qui batailla tant et si bien qu'il obtint l'annulation de la marina de
Port-la-Forêt, alors que les travaux étaient déjà très avancés. Le programme
immobilier fut tué dans l'œuf.
45 Le coup fut rude; la vitrine du «nouveau» tourisme breton s'écroulait avec
fracas. La pression conjuguée des comités de défense locaux, du Comité
supérieur des sites, les retombées des victoires similaires remportées sur la
Côte d'Azur notamment (à Bormes-les-Mimosas), la désillusion qui gagnait
les aménageurs devant tant d'incompréhension ou d'obscurantisme, tous
50 ces facteurs aboutirent à l'abandon pur et simple des projets de villes touristiques nouvelles. Mais paradoxalement les vainqueurs de ces combats n'é-
taient généralement pas des jeunes «gauchistes» ultra-politisés, mais de pai-
sibles retraités, petits ou moyens bourgeois, navrés de voir leur anse, leur
plage, leur port, défigurés, dénaturés. C'était l'époque de la protection de la
55 nature et non de l'écologie comme système idéologique.

1973–1974: le début de la sagesse

Les années 1973–1974 marquent le tournant de la croyance en un tourisme
sauveur de la Bretagne. Plusieurs événements concourent à accélérer cette
tendance: d'abord le début de la relève des notables bretons qui, en 1973, à
60 la faveur des cantonales et des législatives, furent battus par les socialistes.
Ensuite, le thème de la qualité de la vie fait son chemin dans les mentalités et
les partis politiques doivent, volens nolens, en tenir compte dans leurs pro-
grammes. Un peu avant, le livre blanc du CELIB (= comité d'étude et
liaison des intérêts bretons), intitulé «Bretagne: une ambition nouvelle»,
65 insistait sur la nécessité, dans l'intérêt même des touristes, de conserver une
frange littorale exempte de constructions.
Il commençait à poindre dans les esprits qu'on ne pouvait plus tout sacrifier,
l'esthétique, l'espace, les finances locales, l'équilibre humain des communautés littorales, etc. au dieu tourisme, dieu dont les miracles se faisaient
70 attendre. Les résultats du recensement de 1975 soulignaient que les cantons
littoraux eux-mêmes n'étaient pas à l'abri de la dépopulation. Là où les activités primaires et secondaires battaient de l'aile, le tourisme était inopérant
pour redresser la barre. Les dépôts de bilan, les fermetures d'usines se
succédaient, les chiffres des demandeurs d'emploi ne cessaient d'enfler.
75 Dans le même temps, les communes littorales découvraient avec une certai-

ne stupeur que le tourisme pesait lourdement sur leurs finances, qu'il était source de bien des charges qui incombaient en dernier ressort à la collectivité.

Les agriculteurs, quant à eux, prenaient conscience que le tourisme contri-
80 buait à l'inflation du prix de la terre agricole; que la dispersion anarchique des résidences secondaires dans la campagne était source de gêne pour les exploitations voisines. Les marins-pêcheurs et les plaisanciers commençaient à jouer des coudes dans les ports. On apprenait que les marais littoraux abritaient tout un ensemble de micro-organismes nécessaires à
85 l'alimentation de poissons et donc à l'activité de la pêche côtière. Or ceux-ci étaient précisément menacés par des aménagements touristiques...

Le moindre projet suscite de nos jours un tollé de réactions sceptiques ou franchement hostiles. Le front des «écologistes» s'élargit de plus en plus.

Une démystification réciproque

90 On conteste les formes que prend un certain tourisme en Bretagne, alors que dans le même temps, le phénomène touristique en tant que tel semble avoir définitivement acquis droit de cité. Les Bretons finissent par se faire une raison devant l'invasion périodique, tant elle paraît inéluctable. Eux-mêmes ont découvert les joies du tourisme, et les touristes, d'un autre côté,
95 sont plus compréhensifs des valeurs bretonnes.

Il y a démystification de part et d'autre: les Bretons ne sont plus les péquenauds arriérés, engoncés dans leur sous-développement économique et mental, on leur envie leurs maisons blanches. Le phénomène de retour aux valeurs de la province a achevé de persuader les Bretons que le temps des
100 rebuffades était révolu et qu'ils étaient à présent sur un pied d'égalité avec ces citadins avides de leurs richesses à eux, Bretons. De plus, l'ampleur de la crise économique qui frappe aussi durement d'autres régions françaises que la Bretagne (alors que le Breton avait jusque-là le sentiment d'être le laissé-pour-compte de l'expansion nationale) renforce entre le travailleur breton
105 et le travailleur d'Aubervilliers ou de Lorraine en vacances chez nous un sentiment implicite de solidarité face au spectre du chômage.

Il n'empêche que des réactions épidermiques de rejet continuent à se faire sentir. Des conflits sporadiques naissent entre plaisanciers et marins-pêcheurs, entre campeurs sauvages et municipalités, mais davantage encore
110 entre Bretons entre eux, à propos du tourisme.

Le surpeuplement, la bousculade, à coup sûr, agacent, indisposent. On veut bien les supporter deux mois l'an, mais pas au-delà. En juillet et août, les vacanciers font partie du décor. On est à l'occasion agacé par leur présence, mais on est d'autant désarçonné s'ils font faux-bond au moment où on les
115 attend.

Le touriste néo-rural, friand de mythes

On tire moins sur le touriste, mais l'inquiétude demeure. Et les Bretons se sentent moins menacés par le touriste populaire ignorant qui méconnaît la profondeur de la culture bretonne que par une nouvelle espèce en pleine progression: le touriste cultivé. Grand amateur de mythes, il vient à la rencontre de la Bretagne authentique, des Bretons à racines, à caractère, du pays breton qui résiste encore contre le nivellement culturel. Ce touriste-là redemande de l'âme bretonne dans ses profondeurs les moins frelatées. C'est un touriste fortuné. Pour mieux appréhender le mythe de la Bretagne éternelle, il restaurera une fermette; pour mieux cerner le rôle de la mer dans le façonnement de la personnalité bretonne, il achètera un bateau. Il s'habillera en vieux loup de mer ou en paysan plus vrai que nature. C'est le touriste écologique, néo-rural, à la recherche de la Bretagne authentique... Conflits sociaux, s'abstenir... Il applaudira à la renaissance du mouvement culturel breton. Il voudrait enfermer la Bretagne dans une image figée, intemporelle, un peu à la façon de ces Bretons de Paris désolés à chaque séjour qu'ils font en Bretagne de ne pas retrouver leur province telle qu'elle devrait demeurer.

La Bretagne ne tient pas à se faire à nouveau coloniser par un tourisme néo-ruraliste chic. A la différence de régions comme l'Ardèche ou la Lozère, le milieu humain y est encore assez robuste pour contenir efficacement la poussée.

Le folklore, cette caricature!

On le perçoit dans le domaine de l'expression festive estivale. Il y a quelques années, on soupçonnait le phénomène touristique de contribuer à la mercantilisation du folklore, au galvaudage des chants et danses, de figer les fêtes bretonnes en spectacles pour touristes. Le soupçon n'était pas sans fondement. Un seul après-midi aux Fêtes de Cornouaille suffisait pour se convaincre de l'état de fossilisation avancé dans lequel le folklore breton avait abouti, pour cause de détournement à des fins touristiques.

A qui la faute? Les animateurs et notables des comités des fêtes qui perpétuent ces caricatures de la Bretagne, sous prétexte qu'elles sont rentables, trouvent bien peu de contradicteurs.

Les Bretons «conscients» ont autre chose à faire que de guerroyer contre les «fêtes à fric». Ainsi, ces dernières années ont vu naître une multitude de festivités estivales pour les Bretons, dont les estivants n'étaient pas rejetés mais dont ils n'étaient pas les premiers destinataires. Les Bretons font la fête entre eux, dans le moindre hameau. Le tourisme n'a pas tué la culture bretonne. Tout au plus permet-il à l'expression d'une culture fossile de se per-

155 pétuer quelques années encore, alors qu'à côté foisonnent les germes d'un
renouveau.

Le danger du tourisme est ailleurs: il est dans cette fonction de période
parenthèse que beaucoup lui assignent. Des organisateurs des Fêtes de Cornouaille l'ont clairement exprimé. Le PS avait osé faire venir R. Vautier
160 pour la projection de son film sur la marée noire lors de la semaine des
Fêtes. Ils ont fait savoir leur mécontentement, parce qu'un tel film engagé
rompait le climat d'unanimisme que les Fêtes avaient vocation d'instaurer.

L'été – c'est la trêve

En vacances, oubliez que vous êtes un être de convictions et de passions, et
165 communiez à la grande réconciliation nationale. En Bretagne, comme partout ailleurs, l'été est la saison privilégiée pour voir la France, au-delà des
divergences politiques conjoncturelles, communier aux mêmes rites: la plage, le farniente, le pastis au «bar du port»... En vacances, tout le monde il
est beau, tout le monde il est gentil. Tel est le discours que l'on voudrait nous
170 voir avaliser. Des exemples? Lorsque les militants bretons se sont mis à dis-
tribuer des tracts au moment du défilé des Fêtes de Cornouaille, ils ont été
appréhendés par les forces de l'ordre et fichés comme redoutables trouble-
fêtes. Ils osaient suggérer aux touristes que la Bretagne qui défile et qui danse, ce n'est pas toute la Bretagne. Inadmissible! La fête folklorique tradition-
175 nelle véhicule l'image d'une Bretagne éternelle, immobile, et donc inoffen-
sive.

La grogne catalysée

Disons en conclusion que le phénomène touristique ne fait plus peur: les
Bretons ont commencé à l'apprivoiser. Il a jusqu'ici servi à cristalliser le
180 malaise breton face aux agressions dont la Bretagne est victime. Imposé de
l'extérieur, il avait des conséquences multiples mais assez difficilement cer-
nables sur notre comportement collectif, notre tissu social.

Or voici que le nucléaire, mal aux yeux de beaucoup autrement redoutable,
présente les mêmes caractéristiques. Du coup, il est en passe de remplacer
185 le tourisme comme catalysateur de la grogne bretonne. Dans les deux cas,
on met la Bretagne au service d'un type de société (consommation d'espace,
de loisirs prédigérés, d'énergie) dont un certain nombre refuse les mécanis-
mes et les finalités.

Face au péril nucléaire, le tourisme perd de sa virulence, de sa nocivité. Et ce
190 d'autant plus qu'il peut désormais même devenir auxiliaire de la lutte antinucléaire (une centrale à la pointe du Raz ferait fuir les touristes, a-t-on pu
entendre). Le piège serait que les Bretons se démobilisent face au tourisme

qui n'a pas fini d'évoluer. Que, sous prétexte de lutte pour l'emploi ou contre le nucléaire, ils ne réagissent pas devant un phénomène qui nous réserve
195 encore bien des aberrations.

extrait de: BRETAGNES, les chevaux d'espoirs, in: autrement No 19, Juin 1979

Vocabulaire:

6 **claudiquant,-e:** qui boite – 6 **malséant,-e:** incorrect – 10 **au demeurant:** en ce qui concerne le reste – 15 **prendre son essor:** se développer tout d'un coup – 16 **mirobolant,-e:** extraordinaire – 19 **défi,** m.: provocation – 22 **ornière,** f.: trace laissée par les roues d'une voiture dans la boue des chemins – 25 **salvateur,-rice:** qui sauve – 28 **mettre sur orbite:** lancer vers un but précis – 30 **balnéaire,-:** relatif aux bains de mer – 36 **riverain,** m.: personne qui possède un terrain sur la rive – 40 **arrêté,** m.: décision écrite – 46 **fracas,** m.: bruit très violent – 47 **retombée,** f.: ici: conséquence – 53 **être navré,-e:** être désolé – 59 **relève,** f.: remplacement – 67 **poindre:** apparaître – 70 **recensement,** m.: action qui consiste à compter les habitants d'une région ou d'un pays – 73 **dépôt de bilan,** m.: acte par lequel un commerçant qui ne peut payer ses dettes fait connaître au Tribunal de Commerce sa situation financière – 74 **enfler:** grossir – 76 **stupeur,** f.: grand étonnement – 77 **incomber à:** revenir à – 83 **jouer des coudes:** essayer de se faire une place– 87 **tollé,** m.: mouvement ou cri de protestation – 93 **inéluctable:** que l'on ne peut éviter – 96 **péquenaud,** m.: paysan – 97 **arriéré,-e:** démodé, attardé mentalement – 97 **engoncer:** enfoncer jusqu'au cou – 100 **rebuffade,** f.: mauvais accueil, mépris – 111 **bousculade,** f.: désordre – 114 **être désarçonné,-e:** être consterné – 116 **friand,-e:** gourmand – 123 **frelaté,-e:** qui n'est pas pur, pas naturel – 125 **fermette,** f.: petite ferme – 126 **façonnement,** m.: travail pour donner une forme particulière – 141 **galvaudage,** m.: transformation négative – 155 **foisonner:** être en grand nombre – 168 «**tout le monde, il est beau, tout le monde il est gentil**»: film de Jean Yanne – 172 **être fiché:** être enregistré par la police – 177 **grogne,** f.: mécontentement – 179 **apprivoiser:** dompter – 182 **tissu social,** m.: dt: soziales Gefüge – 189 **nocivité,** f.: qui peut nuire – 195 **aberration,** f.: ici: surprise désagréable.

Exercices de vocabulaire et de grammaire:

1. Expliquez les expressions suivantes:
   a. remonter la pente
   b. le littoral breton est **pris en étau**
   c. le programme fut **tué dans l'œuf**
   d. les activités primaires et secondaires **battaient de l'aile**
   e. le spectre du chômage
   f. faire faux-bond
   g. la période parenthèse
   h. la marée noire
   i. un trouble-fête

2. «malséant-bienséant».
   Trouvez d'autres couples d'adjectifs formés à l'aide des préfixes mal – et bien –.

3. Remplacez dans les phrases suivantes les propositions infinitives par des subordonnées conjonctives:
   a. Il devient malséant de remettre en cause la vocation touristique de la Bretagne.
   b. Ce qui n'a pas empêché la guérilla de se poursuivre.

c. Il convenait de mettre en valeur une mine à ciel ouvert.

d. Plusieurs événements concourent à accélérer cette tendance.

e. Le tourisme semble avoir acquis droit de cité.

f. Un seul après-midi suffisait pour se convaincre.

4. «C'est dans les années 1985–1990....». Commencez le deuxième paragraphe du texte par cette phrase et continuez le texte au futur jusqu'à «tourisme».

5. Quelles sont les associations qui vous viennent à l'esprit en lisant les mots ou expressions suivants:

   a. ornière
   b. mettre sur orbite
   c. tué dans l'œuf
   d. **invasion** des touristes
   e. **spectre** du chômage
   f. les vacanciers font partie du **décor**
   g. les Bretons ont commencé à **apprivoiser** le tourisme

6. Mettez à la voix passive:

   a. ce qui n'a pas empêché la guérilla ....
   b. le tourisme allait sortir la Bretagne de son ornière
   c. La Forêt-Fouesnant avait mis une marina sur orbite
   d. Ce que n'avaient pas prévu les technocrates
   e. Le comité obtint l'annulation de la marina
   f. On conteste les formes ....
   g. Le touriste achètera un bateau.

Questions:

1. La Bretagne est un pays à vocation touristique. Démontrez à l'aide d'une carte géographique le bien-fondé de cette affirmation.

2. Quels événements ont provoqué un net ralentissement de cet essor touristique qui avait pris une allure effrénée ces dernières années?

3. De quelle manière l'industrie touristique a-t-elle mis la main sur toutes les côtes bretonnes?

4. Quelle chance les responsables politiques ont-ils d'abord vue dans l'aménagement touristique accéléré de certaines régions?

5. Comment les habitants ont-ils réagi à ce vaste programme de développement touristique?

6. Par quels moyens se sont-ils défendus contre l'influence grandissante de cette industrie touristique?

7. Etait-ce vraiment par incompréhension et obscurantisme que les comités de défense allaient à la bataille?

8. Quels ont été les changements décisifs survenus dans les années 1973/74? Décrivez leurs conséquences sur le combat des Bretons.

9. Pourquoi le tourisme s'est-il souvent révélé comme étant une charge supplémentaire pour les communautés?

10. Expliquez le changement d'orientation dans le combat des Bretons: d'abord, ce fut un combat pour la protection de la nature pour, ensuite, aboutir à un combat écologique.

11. En quoi consiste la démystification de part et d'autre dont parle le texte?
12. Comment les Bretons se sont-ils arrangés avec la présence massive de touristes pendant la saison d'été?
13. Il y a un nouveau phénomène qui inquiète les Bretons: l'arrivée du touriste cultivé. Expliquez pourquoi.
14. Pour quelles raisons l'auteur parle-t-il de fossilisation du folklore breton? Interprétez – dans ce contexte – le sens de la réaction violente à l'intervention du PS dans les fêtes de Cornouaille.
15. Résumez les points essentiels de la conclusion de l'auteur. Sur quelle note finit-il le débat?

Débat

1. Discutez sous quelles formes le tourisme moderne intervient massivement dans la vie d'une région telle que la Bretagne qui en dépend. Que peut-il apporter positivement/détruire définitivement?
2. Munis d'arguments sur les divers aspects du tourisme, organisez un «débat télévisé» auquel seront présents les personnes/groupes suivants:
   – un journaliste (introduit et mène le débat),
   – un représentant politique des milieux parisiens (défend la politique gouvernementale),
   – les représentants des partis politiques/syndicats locaux,
   – le maire d'une commune touchée par un projet d'aménagement,
   – les «gens du coin» (paysans, marchands, marins-pêcheurs etc.),
   – les représentants d'un comité de défense,
   – les représentants des promoteurs/sociétés de construction/de l'industrie hôtelière et gastronomique,
   – les spectateurs de l'émission (ayant droit à la parole).

Version:

Traduisez en allemand à partir de «1973/74 – le début de la sagesse» (l. 56) jusqu'à «Le front des écologistes s'élargit» (l. 88).

2. Le problème de l'emploi

Chaque année, quelque 45 000 jeunes Bretons arrivent à l'âge de chercher une situation, mais ils viennent grossir les rangs des chômeurs car la Bretagne reste une région insuffisamment développée. Le taux de chômage de-
5 meure très élevé (66.000 demandeurs d'emploi en 1979). La population industrielle demeure à l'avant-dernier rang des régions de France. Les salaires bretons enregistrent toujours un net retard par rapport à la moyenne nationale. Et pourtant, à l'issue d'un voyage en Bretagne, le touriste serait tenté de croire que le miracle a bien eu lieu. Une infrastructure nettement
10 améliorée, une côte splendide, une capitale – Rennes – fortement industrialisée, de très nombreuses maisons neuves respirant le confort, une campagne qui cache soigneusement ses problèmes derrière des haies verdoyantes.

Ça, c'est la carte postale, reflet d'une certaine réalité, mais qui gomme pourtant les zones d'ombre. Derrière ce décor, il y a une autre photographie
15 moins présentable dans un dépliant touristique: la crise de l'agriculture, le phénomène d'urbanisation et la création d'emplois surtout dans les grandes villes, exode des jeunes entraînant le vieillissement de la population rurale, la crise de la pêche.
Les vingt dernières années ont vu un bouleversement du système agricole.
20 Aujourd'hui, l'agriculture de la Bretagne est sans doute la plus intensive de France. Mais seules les grandes exploitations ont pu résister; les vieux sont éliminés ainsi que les petits exploitants. Les surplus de travailleurs libérés par la mécanisation de l'agriculture n'ont trouvé d'autre solution que celle de l'émigration, solution que refusent de plus en plus les jeunes Bretons
25 d'aujourd'hui.
Il existe quelques industries en Bretagne, mais celles-ci sont regroupées autour des grands centres urbains, ce qui automatiquement crée un déséquilibre accru entre la ville et la campagne. Des industriels ont accepté de déconcentrer leurs chaînes de montage en Bretagne, mais les salaires payés
30 sont bien inférieurs à la moyenne française. De plus, les postes créés ne correspondent généralement pas aux diplômes obtenus par les jeunes qui cherchent du travail. Il n'y a aucune coordination entre la formation professionnelle et les besoins en main-d'œuvre sur le plan régional. A beaucoup de Bretons, on enseigne des métiers qui n'existent pas chez eux. Vu de Paris, la
35 situation n'est pas altérée puisque lorsque des emplois sont supprimés en Bretagne et d'autres créés ailleurs, l'équilibre est rétabli. Mais les statistiques ne tiennent compte que des chiffres et ignore les hommes. Longtemps résignés, les Bretons ont fini par s'insurger. Les jeunes ne veulent plus en être réduits à aller gagner leur pain dans des régions qui leur sont étrangères.
40 Ils réclament du travail en Bretagne: «Labour e Breizh evid ar Vretoned» (du travail en Bretagne pour les Bretons) dit un slogan mille fois répété. Pour rétablir une situation qu'on a trop longtemps laissé se dégrader, il faudrait créer au moins 15 000 emplois par an. On est encore loin de ce chiffre.

Vocabulaire:
35 **altérer:** changer en mal – 38 **s'insurger:** se révolter.

Exercices de vocabulaire et de grammaire:
   1. Trouvez des synonymes aux mots suivants d'après leur sens dans le texte:
      grossir
      gommer
      surplus
      accru
      tenir compte

2. Complétez:

tenter . . . .
améliorer . . . .
. . . . la réalité
. . . . la solution
résister . . . .
chercher . . . .
supprimer . . . .
s'insurger . . . .

3. Quelle est la différence entre:

ils viennent grossir et ils viennent de grossir
être tenté de et tenter de
il a bien eu lieu et il a bien travaillé
verdoyant et vert
finir par et finir de
une certaine réalité et une réalité certaine

4. Expliquez l'emploi des temps ou les formes verbales suivantes:

le touriste serait tenté
le miracle a bien eu lieu
exode des jeunes entraînant le vieillissement de la population

5. Expliquez les formes du participe passé:

a. Une situation qu'on a trop longtemps laissé se dégrader.
b. la patrie qu'il a laissée derrière lui
c. Il a laissé ses biens dans son pays.

6. Mettez en relief les parties de phrases suivantes:

a) **Les vingt dernières années,** on a vu un bouleversement du système agricole.
b) **A beaucoup de Bretons,** on enseigne des métiers qui n'existent pas chez eux.
c) Mais les statistiques ne tiennent compte **que des chiffres.**
d) **Les Bretons** ont fini par s'insurger.
e) On est encore **loin de ce chiffre.**
f) **Ils** réclament du travail en Bretagne.

Questions:

1. Dans quels domaines la Bretagne reste-t-elle une région insuffisamment développée?
2. Pourquoi le touriste se laisse-t-il facilement tromper sur la véritable situation économique de la Bretagne?
3. Qu'est-ce qui explique l'exode des jeunes? Quelles en sont les conséquences?
4. Le bouleversement du système agricole est des plus profonds. Expliquez pourquoi.
5. En quoi consiste le déséquilibre grandissant entre la ville et la campagne?
6. Quel écho les revendications des mouvements bretons peuvent-elles trouver auprès des jeunes?

Résumé dirigé:
Faites un résumé du texte en énumérant les problèmes qui se posent particulièrement aux jeunes.

Version:
Traduisez en allemand les deux premiers paragraphes du texte.

3. La Bretagne inquiète

Torrey Canyon (1967), Amoco Cadiz (1978), Olympic Bravery, Gino,
Tanio (1980) ... autant de noms qui résonnent sous les voûtes des rochers
bretons, pareils à ces glas qui sonnaient jadis aux clochers, pleurant les
5 marins disparus. La série noire continue et continuera. Cette presqu'île
admirable, péninsule étonnante semble rongée d'un mal incurable, ignoble
et répugnant: le cancer. L'inquiétude des Bretons est dans l'avenir, un avenir sombre, un avenir noir, où apparaît l'impuissance évidente des hommes
à lutter contre un mal incurable.
10 C'est une Bretagne souillée, maculée par des milliers de litres de pétrole
nauséabond que nous laissent les événements catastrophiques survenus depuis 13 ans. Si à force de seaux, de pelles, de sueur et de courage les Bretons
ont réussi à nettoyer leur pays, il leur reste le goût amer d'une incertitude,
une peur étrange d'un avenir fait tout à la fois des conséquences de ces dra-
15 mes et de l'étrange répétition d'un cataclysme dont la cause est humaine.
Personne ne peut prédire les effets à long terme de ces millions de tonnes de
pétrole sur la faune et la flore marine.
Les 230.000 tonnes de pétrole qui s'échappèrent de «l'Amoco Cadiz» en
1978 englurent 350 km de côtes bretonnes. Deux ans plus tard, ce ne sont
20 «que» 3000 tonnes qui se déversèrent du «Tanio» sur les côtes de la Bretagne du Nord, anéantissant la réserve d'oiseaux des Sept Iles, gravement touchée déjà auparavant. Plus de 260.000 cadavres d'animaux furent ramassés
le long des côtes. Partout, la même image: les rochers de granit rose recouverts d'une masse visqueuse, noire. Les soldats s'affairent; plus un cri d'oi-
25 seaux et à des kilomètres à la ronde, les routes sont recouvertes d'une cou-
che de mazout puant et gluant.
C'est la colère qui saisit les Bretons. Les habitants sont découragés. Ils en
ont assez, et cela pour deux raisons:
Premièrement, cette deuxième marée noire aurait pu être évitée, si le navi-
30 re, qui n'était plus qu'une épave, avait été contrôlé.
Deuxièmement, parce que, chaque année, on déverse impunément environ
500 millions de tonnes de pétrole au large des côtes bretonnes. Certes le
gouvernement a renforcé le plan d'alarme anti-pollution, accordé des cré-
dits supplémentaires de 150 millions de francs, a réorganisé les couloirs que

35 doivent emprunter les pétroliers géants, augmenté les amendes à payer en cas d'infraction, mais la menace subsiste. La Bretagne est située à l'entrée du plus grand et du plus puissant carrefour maritime du monde. En effet le 1/4 de la circulation maritime mondiale y transite. Le rythme de passage est de 300 par jour. Une telle importance de circulation exige des règles de rou-
40 tes, des réglementations sévères.

Quelques mois après la catastrophe, on a présenté aux touristes des plages nettoyées, des oiseaux sauvés, mais sournoisement la destruction de la nature par le pétrole continue. Des scientifiques ont calculé que les conséquences de la marée noire se feront encore sentir dans 25 ans!

45 L'inquiétude des Bretons est bien justifiée dans un pays souillé chaque année un peu plus, la colère ne peut être que la seule manifestation cohérente devant l'absence réelle d'une volonté mondiale de mettre tout en œuvre pour éviter que de telles catastrophes se reproduisent. Une nouvelle marée noire équivaudrait presque à un arrêt de mort.

50 Peut-on raisonnablement penser que les Bretons accepteront une telle sentence avec une attitude passive?

Vocabulaire:

3 **résonner:** faire écho – 3 **voûte,** f.: plafond courbé – 6 **ronger:** détruire peu à peu – 7 **répugnant,-e:** qui provoque le dégoût – 10 **souiller:** salir – 10 **maculer:** faire des taches – 11 **nauséabond,-e:** qui sent mauvais – 12 **seau,** m.: dt: Eimer – 12 **pelle,** f.: outil pour creuser la terre – 15 **cataclysme,** m.: désastre – 20 **se déverser:** couler en grandes quantités – 21 **anéantir:** détruire complètement – 24 **visqueux,-se:** épais et qui coule avec difficulté – 24 **s'affairer:** s'empresser – 26 **puant,-e:** qui sent très mauvais – 26 **gluant,-e:** qui colle – 30 **épave,** f.: restes d'un bateau qui a coulé – 31 **impunément:** sans être puni – 35 **amende,** f.: argent qu'on doit payer si l'on a commis une faute – 36 **infraction,** f.: délit – 42 **sournoisement:** en dissimulant ses véritables intentions – 50 **sentence,** f.: décision d'un juge.

Exercices de vocabulaire et de grammaire:

1. Trouvez les substantifs correspondant aux verbes suivants:

réussir	réorganiser
nettoyer	augmenter
prédire	justifier
anéantir	reproduire
ramasser	équivaloir
renforcer	

2. Commencez la phrase: «premièrement, cette deuxième marée noire....» par:

je doute que
peut-être
il paraît que

3. Impunément: trouvez 5 adverbes formés de la même manière.
4. Mettre à la voix active:
   a. La péninsule semble rongée d'un mal incurable.
   b. Les rochers sont recouverts d'une masse visqueuse.
   c. Cette deuxième marée noire aurait pu être évitée.
   d. Si le navire avait été contrôlé.

Questions:

1. De quels événements le texte parle-t-il au début? Qu'est-ce qu'ils signifient pour la Bretagne?
2. Pourquoi la Bretagne se sent-elle si impuissante face à ces catastrophes?
3. Comment les Bretons ont-ils essayé de se défendre contre le danger du pétrole déversé sur leurs plages?
4. Dans quelle mesure la faune et la flore ont-elles été touchées par les soi-disant marées noires?
5. De quelle manière le gouvernement a-t-il essayé d'apporter une solution?
6. Pourquoi le problème de la pollution ne peut-il pas être résolu par la Bretagne et la France à elles toutes seules?
7. Groupez le vocabulaire se rapportant à la description des catastrophes d'un côté et aux sentiments des Bretons de l'autre. Essayez de trouver des catégories permettant la classification des listes de vocabulaire obtenues.

VIII. La Bretagne en colère

1. La Bretagne: des blancs aux rouges

Le 24 novembre 1967, une explosion endommage légèrement les locaux des contributions indirectes de Lorient. Au mur, trois lettres: FLB (= Front de libération de la Bretagne). Trois mois plus tard, les préfectures de Quim-
5 per et de Saint-Brieuc sont plastiquées. Sur place, des tracts: «Combattons les abus des fonctionnaires français en Bretagne.» Signé: FLB. Le 28 avril 1968, enfin, le garage de la compagnie de CRS à Saint-Brieuc est presque entièrement détruit par le FLB. Le pouvoir doit enfin prendre au sérieux ce FLB qui résume ainsi ses objectifs: «Pour une Bretagne libre, combattons
10 l'occupation française.»*)

L'époque d'avant-guerre

Ils ne sont plus seulement «autonomistes» ou «nationalistes». Le refus de l'appareil d'Etat français s'accompagne d'une contestation de la société qu'il défend. Le combat breton est devenu parfois révolutionnaire. Il n'en a pas
15 toujours été de même. Le mouvement breton a eu ses heures de relative notoriété d'avant-guerre. D'abord regroupé autour du journal BREIZ ATAO (Bretagne toujours), il va s'élargir et s'émietter parfois en groupuscu-les politiques, souvent en associations culturelles. Il a sa droite, au nationa-lisme romantique, rêvant avec nostalgie de l'Ancien Régime. Elle reste pro-
20 che de l'Action française en raison de l'hostilité viscérale à la République qui a séparé l'Etat de l'Eglise. Il existe aussi une aile gauche, moins organi-sée. Elle est déchirée entre son désir de participer au combat pour l'identité bretonne et la crainte d'être confondue avec la droite autonomiste. Celle-ci à l'heure de la montée du facisme va clairement montrer ses préférences
25 idéologiques. Au début de 1940, deux leaders du PNB (= Parti national bre-ton) s'en vont en Allemagne et tentent, vainement, de négocier avec le gou-vernement hitlérien un statut d'autonomie, ou mieux, la création d'un Etat breton.

La compromission avec l'occupant nazi

30 A cette époque, le mouvement breton tout entier a glissé à l'extrême-droite ou plutôt s'est réduit aux groupes qui en constituaient la droite. Avec des nuances. Il y a les nationalistes qui croient pouvoir profiter de la décomposi-tion de l'Etat français et de la puissance de l'Etat allemand. Le nouvel ordre

---

*) La plus spectaculaire des actions devait avoir lieu en 1978 avec l'attentat contre le château de Versailles. (NDLR)

nazi les séduit. Ils espèrent, grâce à lui, obtenir une indépendance. Il y a les
modérés qui se disent plus volontiers régionalistes qu'ils ne s'avouent nationalistes, qui espèrent beaucoup du provincialisme vichyssois. Il y a enfin les
ultras qui rêvent de gloire guerrière. Ceux-ci vont très vite sombrer dans la
collaboration la plus active, et la plus criminelle: ils participent, avec la milice qu'ils ont rassemblée, à la chasse aux résistants, pour le compte de l'occu-
pant et sous le même uniforme.

Après tant de compromissions du mouvement breton, les forces issues de la
résistance châtient puis stigmatisent les autonomistes comme autant de
«collabos». Non seulement le mouvement breton est anéanti, mais au-delà,
c'est l'ensemble des aspirations dont il était porteur qui sont durablement
discréditées. La cause est confondue avec les moyens utilisés par certains, et
rejetée comme avatar du fascisme ou du nazisme.

L'étape de la reconstitution après la guerre

Le mouvement breton ne commencera à se reconstituer que dans les
années 1950. Et encore se couvre-t-il du manteau folklorique. Il se recom-
pose sous forme de groupes de danseurs et de sonneurs. A la fin de la même
décennie est créé le Mouvement d'organisation de la Bretagne (MOB). Il est
bientôt doté d'un journal, L'AVENIR de la Bretagne. On y retrouve la
même idéologie que dans le PNB d'avant-guerre. «Na ruz, na gwenn», ni
blanc ni rouge. Le même rêve d'union sacrée bretonne ignorant des réalités
et des affrontements sociaux. Quelques jeunes militants, s'y sentant mal à
l'aise, fondent en 1964 l'UDB (= Union démocratique bretonne). Leur ambition: démontrer que la défense du «droit à la différence» n'implique pas
une idéologie conservatrice sinon fasciste. Mais ils ne convainquent guère.
C'est seulement après les premiers attentats à la bombe que le débat
jusqu'ici étouffé est enfin lancé. La presse régionale elle-même doit s'y
ouvrir. La population bretonne dans son ensemble désapprouve les bom-
bes. Mais elle comprend ou excuse les auteurs d'attentats. Une fraction
importante de la jeunesse s'est découvert de nouveaux horizons politiques.
Alors, elle s'engage, ou se réfugie, dans une sorte de vaste mouvement liber-
taire qui intègre à son refus d'un ordre social qu'elle n'a fait qu'ébranler, sa
volonté de reconquérir une culture interdite. Les jeunes sont d'autant plus
séduits que cette culture, aussi paysanne que bretonne, a l'attrait d'un para-
dis perdu et coïncide avec la sensibilité écologique.

Les réactions des forces politiques établies

Les responsables politiques doivent répondre à cette aspiration. Il ne suffit
pas de condamner les attentats. Il convient de désarmer leurs auteurs, ou

66

tout au moins de prévenir la contagion explosive, donc d'être «compréhensif». C'est, à droite, la promesse de régionalisation faite par de Gaulle à Quimper. C'est, à gauche, la reconnaissance d'une forme de colonialisme
75 intérieur par le PSU. Ce sera, plus tard, la prise en compte par F. Mitterand du «droit à la différence». Le PS et le PC prennent position pour une assemblée régionale élue au suffrage universel. Réponses provisoires à des aspirations multiformes.

Des partis régionaux ont grandi. L'UDB, après avoir longtemps fait anti-
80 chambre, vient d'être admise dans les rangs de l'Union de la gauche à la faveur des municipales. Elle est représentée dans de nombreux conseils municipaux à direction socialiste ou communistes. D'autres organisations restent des regroupements plutôt éphémères. Mais le combat breton se perpétue aussi par les attentats. Mais si les militants du FLB croient répéter en
85 Bretagne l'histoire de tous les mouvements nationalistes du monde, en substituant à l'action légale la force insurrectionnelle, ils ont perdu leur pari. Les «Fils de la Toussaint», qu'ils ont imités, les lendemains des «Pâques irlandaises», dont ils ont rêvé, étaient le produit d'autres conditions historiques. La politique d'assimilation, imbécile, menée par les gouvernements
90 de la IIIe République et avalisée par les suivants, a sans doute constitué une forme de colonialisme. Mais cette politique a fait – au moins juridiquement – du Breton un citoyen français à part entière. La politique française en Algérie, anglaise en Irlande, visait moins à l'assimilation qui confère des droits qu'à l'exclusion qui les réduit à très peu ou à rien. A cause de ces diffé-
95 rences, il n'est jamais apparu aux Bretons, même les plus sensibles aux arguments nationalistes, que l'indépendance était la condition de leur liberté d'être «différents», donc d'être eux-mêmes. Et seul un désir puissant d'indépendance sans cesse réprimé aurait pu conduire à la lutte armée.

La renaissance d'une conscience bretonne

100 Aujourd'hui, la volonté d'être reconnu comme Breton s'exprime amplement hors des partis autonomistes ou du FLB, même hors des voies politiques, par des chanteurs: Glenmor ou Servat; par des musiciens: Stivell. Il se montre dans les festou-noz, ces fêtes de la nuit que les jeunes ont réapprises à leurs parents qui en avaient honte comme ils avaient honte de leur langue.
105 Il s'exprime et redevient politique par l'intérêt que portent aujourd'hui le PCF et plus encore le PS à l'enseignement de cette langue, par la force avec laquelle les syndicats, essentiellement la CFDT, réclament des emplois en Bretagne pour les Bretons.

Mais la Bretagne ne réclame pas que des usines, des emplois, du travail. Elle
110 veut autre chose. Depuis 1960, alors que la situation économique s'est améliorée sensiblement, la revendication autonomiste, la sensibilité régionaliste

n'ont jamais été aussi fortes. Il existe une conscience bretonne. L'existence d'une langue, les humiliations subies à cause d'elle par trois générations l'ont cimentée.

extrait de: Le Matin du 10 août 1977

Vocabulaire:

3 **contribution,** f.: impôt – 5 **plastiquer:** faire exploser au plastic – 16 **notoriété,** f.: fait d'être connu – 17 **s'émietter:** se détacher en petits morceaux – 20 **viscéral,-e:** profond – 29 **compromission,** f.: action par laquelle on est mis dans une situation critique – 36 – 36 **vichyssois,-e:** relatif au régime de Vichy – 37 **sombrer dans:** tomber dans – 38 **milice,** f.: troupe de police qui renforce l'armée régulière – 42 **châtier:** punir – 42 **stigmatiser:** marquer profondément – 46 **avatar,** m.: mésaventure, malheur – 51 **être doté de:** être pourvu de – 60 **étouffer:** priver d'air, ici: empêcher que qch. soit connu – 65 **ébranler:** mettre en danger de crise – 72 **contagion,** f.: transmission d'une maladie à une autre personne – 83 **éphémère:** qui est de très courte durée – 86 **substituer qch. à qch.:** mettre à la place de – 90 **avaliser:** approuver – 93 **conférer qch. à qn.:** donner – 87 **«Les fils de la Toussaint»:** premier tome d'une série de livres d'Yves Courrière sur la guerre d'Algérie – 87 **«Pâques Irlandaises»:** allusion au 'Easter Rising' de 1916 à Dublin, organisé par les membres du parti 'Sinn Féin'.

Exercices de vocabulaire et de grammaire:

1. Exercice de nominalisation:

    ex: le garage de la Cie est détruit .... la destruction du garage

    a. une explosion endommage les locaux
    b. le pouvoir résume ses objectifs
    c. le mouvement breton va s'élargir
    d. le mouvement breton a glissé à l'extrême-droite
    e. le débat est lancé
    f. le P.S et le P.C prennent position
    g. le désir puissant d'indépendance est réprimé
    h. il existe une conscience bretonne

2 Commencez les phrases suivantes par «il faut que»:

    a. Le pouvoir doit enfin prendre au sérieux le F.L.B.
    b. il va s'élargir
    c. le nouvel ordre nazi les séduit
    d. la presse régionale doit s'y ouvrir
    e. il convient de désarmer leurs auteurs
    f. il s'exprime et redevient politique
    g. elle veut autre chose

3. «A cette époque .... uniforme». Commencez le premier paragraphe par: «d'après ce qu'on dit» et continuez au conditionnel.

4. Remplacez par une expression équivalente:

    trois mois plus tard
    participer au combat
    vainement
    anéantir
    les lendemains
    visait à

5. Expliquez les faits grammaticaux suivants:
   a. ils se disent plus volontiers régionalistes qu'ils **ne** s'avouent nationalistes
   b. et encore **se couvre-t-il** du manteau folklorique
   c. une fraction s'est **découvert** de nouveaux horizons
   d. les lendemains **dont** ils ont rêvé
   e. seul un désir puissant d'indépendance **aurait pu** conduire à la lutte armée.

Questions:

1. Contre quoi les actions violentes du FLB se dirigent-elles?
2. En quoi les mouvements politiques bretons dépassent-ils les simples revendications autonomistes ou nationalistes?
3. Retracez l'histoire de ces mouvements à l'époque d'avant-guerre et précisez leurs orientations politiques en utilisant l'information fournie par le texte.
4. Qu'appelle-t-on «l'Ancien Régime»?
5. Qu'entend-on par «l'Action française»? (L'Encyclopédie française ou tout autre dictionnaire du même type vous renseignera.)
6. Pourquoi le mouvement bretonnant est-il condamné dans sa totalité après la guerre?
7. Comment expliquer sa reconstitution d'abord sous un «manteau folklorique»?
8. Quelle est la signification des couleurs utilisées comme symbole dans le slogan «na ruz, na gwenn»?
9. Pourquoi les auteurs d'attentats trouvent-ils une certaine approbation de la part des Bretonnants?
10. Pour quels motifs les jeunes se sentent-ils attirés par ce renouveau politique?
11. Quel jugement l'auteur du texte porte-t-il sur les réactions officielles des milieux politiques?
12. Que faut-il comprendre par: «colonialisme intérieur»?
13. Quelle époque de la vie politique en France désigne-t-on par le terme d'«Union de la gauche»?
14. Pourquoi la lutte armée est-elle une lutte sans lendemains à la différence de celle menée en Algérie autrefois ou en Irlande du Nord aujourd'hui?
15. Quelle contribution les cercles non-politiques ont-ils faite pour soutenir «le droit à la différence»?

Version:

Traduisez en allemand à partir du paragraphe intitulé «Les réactions des forces politiques établies...» jusqu'à la fin.

2. La Révolte paysanne

«On ne s'est jamais révolté jusqu'au bout!»

Nous, on a refusé de travailler sous contrat. Même quand le Crédit Agricole, les députés, nous poussaient à investir, à s'agrandir, à se spécialiser, on s'est
5 dit que c'était un piège. Et puis les paysans n'avaient pas d'information:

d'abord on nous disait, «faites de la vache», puis, «faites du porc»; «abattez les talus», «faites du chou-fleur», «de l'artichaut», …On voulait nous mettre sur des rails et qu'on ait plus la maîtrise de rien. Ça devenait surtout une agriculture sans sol, aux mains des techniciens, ça on l'a vu venir et on n'a pas
10 marché: ça voulait dire que le paysan produisait comme un fou. Il s'endettait, épuisait la terre et à qui ça profitait? A l'agroalimentaire qui jouait avec le cours des prix. Nous, on était pour l'exploitation familiale et c'est pour cela qu'on a fait partie du mouvement des Paysans travailleurs pour créer entre nous une certaine entraide.
15 Mais il y a de plus en plus de choses sur lesquelles on ne peut pas agir. Je le vois pour mon cas personnel qui est celui des trois quarts des paysans de la région qui sont sur des petites fermes. Ici, j'ai 32 ha dont 20 en terres cultivables où je fais le chou-fleur, la pomme de terre, le chou. Le reste est en pâturage pour les 20 vaches. C'est simple, il y a dix ans on pouvait vivre à 6 sur la
20 ferme et on vivait même mieux que maintenant! Depuis 73–74, ça s'est dégradé: les engrais et le matériel ont augmenté, les charges sociales, les assurances vieillesse-maladie, le coût de la vie aussi alors que nos produits sont vendus à peine plus cher et qu'ils nous sont payés en retard.

Aujourd'hui, on ne peut plus vivre qu'à deux sur la ferme, plus notre fille qui
25 veut la reprendre et que nous déclarons comme aide familiale. Ça veut dire que pour le même travail, on gagne moitié moins aujourd'hui qu'il y a dix ans. Et malgré tout, on continue à travailler comme des bêtes. On aime ce travail, peut-être parce qu'on n'a connu que ça.

Les agriculteurs d'ici sont habitués, on pourrait même dire qu'ils sont fatalis-
30 tes. Ils disent tous «faut pas se plaindre, c'est la crise et c'est partout pareil». Et puis ils travaillent tellement qu'ils n'ont sûrement pas le temps de réfléchir. Il y a la religion qui compte aussi dans le Nord pour supporter la misère. Pour finir, on ne s'est jamais révolté jusqu'au bout parce qu'on est très individualiste.
35 Et puis on est très divisé: entre les gros et les petits, les situations sont trop différentes. En plus, les mouvements bretons sont incompris. Pour les paysans ce sont des révolutionnaires, des plastiqueurs. Ils confondent UDB et FLB. Ils ne voient pas pour la Bretagne la possibilité de s'en sortir sans la France.
40 Aujourd'hui, il y a des choses que je vois mieux qu'avant. Peut-être parce qu'on a pu voyager un peu et voir des amis qui avaient des fermes dans d'autres régions. On s'est vraiment aperçu qu'on était bien plus pauvre qu'eux! Pour finir, quand on voyage, on s'aperçoit que personne ne travaille comme le paysan breton, et pour si peu! On est là pour produire, à n'importe quel
45 prix, sinon on disparaît.

On a compris en même temps que la Bretagne était comme une colonie de la France, qu'on était complètement délaissé. En Bretagne, on fait le vide.

Bientôt il ne restera que les grosses exploitations, les centrales nucléaires, les camps militaires et les touristes...

témoignage d'un paysan travailleur breton, tiré de: autrement, No 19, juin 1979

50 **Les paysans en colère**

A partir des années 1959–60–61, grondait sourdement la colère des paysans. On les avait incités à intensifier leur production et à s'endetter pour acheter des machines, sans se préoccuper du fait qu'il n'y aurait pas de débouchés pour cette production accrue. Les cours s'effondrèrent et
55 beaucoup de petits producteurs furent ruinés. La colère finit par exploser. Les paysans barrèrent les routes avec leurs tracteurs, abattirent les poteaux téléphoniques, déversèrent des monceaux de légumes sur la voie publique. De 1961 à 1968, presque toutes les villes bretonnes connurent à tour de rôle des manifestations souvent très violentes. Dans la nuit
60 du 8 juin 1961, les cultivateurs prirent d'assaut la sous-préfecture de Morlaix. Dans la nuit du 20 au 21 février 1964, 6.000 hommes conduits par M. Bécan (aujourd'hui député RPR) s'emparèrent de Brest, occupèrent les édifices publics et branchèrent des haut-parleurs dans les rues pour diffuser des slogans. Le 19 décembre 1966, plusieurs milliers d'avi-
65 culteurs envahirent et ravagèrent le commissariat de police de Morlaix, bombardèrent d'œufs les forces de l'ordre et mirent le feu à une automobile officielle. Les troubles les plus graves se produisirent à Quimper le 2 octobre 1967. Il s'y déroula une véritable émeute. L'affrontement entre 12.000 paysans en fureur et les CRS armés ne fit pas moins de 259 blessés,
70 dont plusieurs très grièvement. Un bâtiment de la préfecture fut incendié, des véhicules détruits, des vitrines lapidées.

extrait de: Yann Brekilien, Histoire de la Bretagne, Hachette, Paris 1977

Vocabulaire:

5 **piège,** m.: danger caché où l'on risque de tomber par ignorance ou par imprudence – 6 **abattre:** ici: démolir – 18 **pâturage,** m.: endroit herbeux où mange le bétail – 47 **délaisser:** abandonner – 51 **sourdement:** qui ne se manifeste pas ouvertement, de manière cachée – 52 **inciter à faire qch.:** pousser à, entraîner à – 54 **débouché,** m.: ici: moyen d'assurer la vente d'un produit – 54 **s'effondrer:** ne plus tenir debout, s'écrouler – 57 **poteau,** m.: morceau de bois dressé verticalement – 57 **monceau,** m.: grand tas – 62 **s'emparer de qch.:** prendre violemment – 63 **brancher:** mettre en communication un appareil avec le réseau électrique – 64 **aviculteur,** m.: éleveur d'oiseaux, de volailles – 68 **émeute,** f.: soulèvement spontané de la population.

Exercices de vocabulaire et de grammaire:

1. Expliquez les expressions suivantes:
   a) On l'a vu venir
   b) On n'a pas marché
   c) produire comme un fou
   d) s'en sortir

2. Trouvez des substantifs formés à l'aide de «entre» + un substantif.
   Ex: une entraide.

3. Expliquez par une paraphrase les mots suivants:
   a) s'endetter
   b) être ruiné
   c) ravager
   d) une automobile officielle
   e) lapidées

4. Trouvez les substantifs correspondant à:
   a) gronder
   b) préoccuper
   c) exploser
   d) connaître
   e) prendre
   f) ravager
   g) se dérouler

5. Mettez en relief les mots en caractères gras:
   a) Il y a dix ans, **on** pouvait vivre à six sur la ferme
   b) On aime ce **travail**
   c) **En Bretagne,** on fait le vide

6. Commencez la phrase: «Aujourd'hui .... connu que ça» par:
   Il raconta que ....

7. Mettez au passé composé tous les verbes du texte «Les paysans en colère» qui se trouvent au passé simple.

8. Remplacez les groupes suivants par un pronom personnel ou adverbial:
   a) On les avait incités à intensifier **leur production**
   b) et à s'endetter pour acheter **des machines** sans se préoccuper du fait qu'il n'y aurait pas **de débouchés.**
   c) Ils s'emparèrent **de Brest.**
   d) Plusieurs milliers d'aviculteurs envahirent et ravagèrent **le commissariat de police.**
   e) Ils bombardèrent **d'œufs** les **forces de l'ordre.**

Questions:

1. Que nous apprend le présent témoignage sur l'attitude des paysans à l'égard des autorités officielles?

2. Comment le paysan interviewé juge-t-il les conseils qu'on lui donne?

3. Pourquoi plaide-t-il pour le maintien de l'exploitation familiale?

4. Quels sont les facteurs qui réduisent de plus en plus le champ d'action des paysans?

5. Qu'est-ce qui empêche les paysans d'aller vraiment jusqu'au bout de leur lutte?

6. Quelle est l'expérience qui entraîne chez les paysans un changement d'optique?

7. Quelle perspective le paysan interviewé envisage-t-il pour la Bretagne?

8. Comment les paysans ont-ils organisé leur riposte à la dégradation de leur niveau de vie?

9. Démontrez les ressemblances avec le combat politique du FLB.

reproduction d'après: NUKLEEL? No 8, avril–mai 1980
journal breton d'information nucléaire

3. Sur le front nucléaire, pas encore de levée de masse!

Le mouvement antinucléaire breton a commencé à faire parler de lui dès la fin de 1974, dans la foulée du programme nucléaire démentiel adopté par le gouvernement (...) aux prises avec la crise du pétrole. En Bretagne, la lutte
5 s'est tout d'abord cristallisée sur les quatre sites retenus par EDF comme susceptibles d'accueillir une centrale nucléaire de type PWR (Erdeven, dans le Morbihan; Beg An Fry, Ploumoguer et Plogoff dans le Finistère). Les Comités Locaux d'Information sur le Nucléaire (CLIN), y ont rencontré leurs premiers succès: à Erdeven, une «fête antinucléaire de dunes» ras-
10 semble 15.000 personnes pendant le week-end de Pâques 1975.
La longue période de latence qui a précédé le choix du site de Plogoff par le Conseil Général du Finistère, fin 1979, a permis aux groupes antinucléaires de s'enraciner dans la population et de développer des modes d'information et d'action originaux. A titre d'exemple, l'action du CLIN de Ploumoguer
15 est caractéristique. Le travail y est organisé en quatre commissions: information, relations extérieures, défense locale et énergies nouvelles. Pour l'in-

formation de la population, le CLIN a (…) utilisé tous les moyens d'actions imaginables:
- réunions-débats dans les villages, les entreprises, les centres de forma-
20 tion;
- projections de films, de montages-diapos destinés à sensibiliser l'opinion;
- intervention locale de scientifiques hostiles à l'énergie nucléaire;
- réflexion d'ensemble sur les problèmes énergétiques et sur les alternatives au nucléaire;
25 - distribution régulière de tracts et de brochures pour informer les personnes qui ne viendraient pas aux réunions… etc.
A côté de cette campagne d'information de masse, le CLIN a développé tout un travail d'information auprès des élus locaux (…) Ce travail s'est révélé payant puisque tous les conseils municipaux du canton de Saint-
30 Renan et tous les candidats à la députation se sont prononcés contre le projet de centrale nucléaire à Ploumoguer.

La Loire-Atlantique entre dans la bataille

Parallèlement à ces actions, le cadre des opérations s'est déplacé vers la Loire-Atlantique où le projet de centrale nucléaire du Pellerin (près de Nan-
35 tes) déchaîne les passions. L'enquête d'utilité publique a lieu en mai 1977 sous la protection des CRS. La majorité de la population et de nombreux élus locaux sont contre le nucléaire comme le prouve la manifestation du 8 mai qui rassemble 15.000 personnes. Mais «l'ordre républicain» doit régner et l'enquête publique se fera sous la protection de la police; les dossiers d'en-
40 quête attachés par une chaîne aux camionettes qui servent de «mairie-anne-xe» (les mairies du canton ayant refusé de prêter les leurs pour ce simulacre de consultation) sont gardés par un peloton de 30 gardes mobiles! La destruction par les manifestants, le 2 juin, du registre d'utilité publique de Covë-ron aboutit à l'inculpation de 5 syndicalistes agricoles. Ils seront condamnés
45 le 10 juin à huit mois de prison dont deux fermes par le Tribunal de Nantes (…).
Face aux réactions virulentes de la région, la Cour d'Appel de Nantes assortit les peines de sursis pour quatre des cinq condamnés et relaxe le cinquième. Malgré cette opposition farouche de la population et malgré l'inter-
50 vention de nombreux scientifiques (qui jugent que le site du Pellerin est le plus mauvais site au monde du fait de la proximité de la conurbation nantaise) les commissaires-enquêteurs rendent un avis favorable à la construction de cette centrale. Encore une fois, l'enquête publique reste une caricature honteuse de consultation de la population.
55 L'année 78 fut marquée en Bretagne par quatre événements: la marée noire de l'«Amoco-Cadiz», le choix par le Conseil Général du Finistère (…) du

74

site de Plogoff pour l'installation de quatre tranches nucléaires de 1300 MW,
la sortie (…) de la déclaration d'utilité publique de la centrale nucléaire du
Pellerin et l'annonce d'un projet de surgénérateur (…) sur le site de Brenni-
60 lis.

Face à ces événements, l'action du mouvement antinucléaire breton s'est
trouvée renforcée par l'apparition de nouveaux groupes (…) et par une évolution sensible de certains groupes socio-professionnels (syndicats de
marins-pêcheurs, certains syndicats d'agriculteurs…) ou partis politiques
65 (UDB, notamment).

Mazoutés aujourd'hui, radioactifs demain!

En Bretagne, comme ailleurs, le mouvement écologique n'a pas encore
réussi sa percée mais le travail d'information développé autour de la marée
noire de l'«Amoco-Cadiz» a tout de même suscité des réflexions intéressan-
70 tes dans l'opinion publique. (…) La forte participation enregistrée aux manifestations de Brest et du Pellerin démontre une nette sensibilisation de toute
une frange de la population aux problèmes écologiques.

Un autre indice de cette sensibilisation est la floraison de projets alternatifs à
laquelle on assiste depuis quelques mois en Bretagne: au Pellerin, les agri-
75 culteurs sèment du blé sur le site convoité par EDF; à Plogoff, (…) (on)
envisage d'installer un éleveur de moutons sur le site; dans le Cap Sizun toujours, des éoliennes vont être implantées pour démontrer l'intérêt des énergies douces et les projets de maisons solaires se multiplient aux quatre coins
de la Bretagne. Mais le projet le plus prometteur est sans aucun doute le
80 groupe de travail mis en place par le PSU-Bretagne pour étudier les possibilités d'autonomie énergétique de la Bretagne (…)

Mais face à toutes ces initiatives qui vont dans le sens d'une autonomie
régionale sur des bases anticapitalistes et écologiques, la Bretagne est soumise, depuis quelques mois, à une offensive psychologique de grande
85 envergure menée par la direction d'EDF, admirablement servie par les mé-
dias. Il semble que, depuis le vote du Conseil Général du Finistère, EDF fasse le forcing pour imposer son programme électro-nucléaire à la Bretagne.
La grande panne du 19 décembre 1978 a fourni aux responsables de ce «service public» l'occasion d'essayer de culpabiliser les Bretons dont «le refus
90 insensé du nucléaire met en danger l'équilibre du réseau national de distribution d'électricité…».

M. Boiteux (…), PDG d'EDF, (…) sort la grosse artillerie de chantage au
nucléaire: «Si nous avons des difficultés durables à construire (des centrales
nucléaires) dans la région Ouest, il faudra bien (…) appliquer des tarifs plus
95 élevés dans l'Ouest que dans l'Est.» (…)

A cette offensive qui va aller en s'amplifiant dans les mois à venir, les écologistes bretons devront préparer une riposte de masse. Pour cela, il leur fau-

dra refuser la tentation du marginalisme (contre l'Etat-EDF, il serait peu efficace d'avoir raison seul…) et s'atteler à la création d'un véritable front
100 antinucléaire breton qui, tout en s'appuyant sur des projets alternatifs crédibles, puisse entraîner une mobilisation de masse sur le thème du refus du nucléaire. L'évolution de plusieurs mouvements syndicaux ou politiques et

HIER BRENNILIS, L'ILE LONGUE, AUJOURD'HUI   le 14 Févr. 1980

PLOGOFF
informez·vous ! Si vous êtes d'accord avec nous, luttez dès maintenant
demain il sera trop tard !

Dessins : J. DEROUEST - P. LE CORRE - NONO - P. STÉPHAN

LES CENTRALES NUCLEAIRES NE SERONT PAS IMPOSÉES AUX POPULATIONS QUI LES REFUSENT

V. G. D'ESTAING - AVRIL 1974

76

des associations de consommateurs incline à penser qu'un tel front est aujourd'hui possible. Si l'on veut éviter à la Bretagne, après les «vocations»
105 militaire et touristique, celle du nucléaire, il faudra bien se frotter aux dures réalités de l'unité d'action…

extrait de: autrement, Bretagnes-les chevaux d'espoirs, No 19, juin 1979

Vocabulaire:

1 **levée,** f.: action d'enrôler des troupes – 3 **foulée,** f.: ici: trace – 3 **démentiel,-le:** absurde, fou – 6 **P.W.R.:** pressurized water reactor – 14 **à titre de:** comme, en tant que – 25 **tract,** m.: papier de propagande distribué dans la rue – 30 **députation,** f.: fonction de représentant du peuple à l'Assemblée Nationale – 35 **déchaîner:** donner libre cours à, libérer – 41 **simulacre,** m.: semblant – 42 **peloton,** m.: groupe de soldats, de policiers – 44 **aboutir à:** se terminer par – 44 **inculpation,** f.: action de déclarer qn. responsable d'un crime, d'un délit – 48 **sursis,** m.: décision de ne pas mettre en application une peine – 49 **farouche:** acharné, violent – 51 **conurbation,** f.: agglomération formée d'une ville et de ses banlieues – 68 **percée,** f.: ouverture pour laisser passer qch. – 72 **frange,** f.: marge – 75 **convoiter qch.:** désirer très fort – 77 **éolienne,** f.: machine à capter l'énergie du vent – 84 **de grande envergure,** f.: de grande dimension – 86 **faire le forcing:** en sport: attaque soutenue contre un adversaire sur la défensive – 89 **culpabiliser** qn.: donner à qn. le sentiment d'être coupable – 92 **chantage,** m.: dt: Erpressung – 96 **s'amplifier:** se développer – 97 **riposte,** f.: réponse vive à une agression – 98 **marginalisme,** m.: fait de se trouver en dehors de la société – 99 **s'atteler à:** s'y mettre sérieusement.

Exercices de vocabulaire et de grammaire:

1. Trouvez des mots de la même famille que:

   accueillir   renforcer
   payant   floraison
   régner   crédible

2. Expliquez les expressions suivantes:

   être dans la foulée
   être aux prises avec
   aux quatre coins de la Bretagne
   la prison ferme

3. Dans la phrase: «l'enquête a eu lieu **en mai 1977**», remplacez «mai» par:
   11 mai 1977   mois de mai 1977
   1977   hiver 1977
   printemps 1977   l'année 1977

4. Transformer en syntagme verbal:

   a. Pour l'information de la population, le CLIN a utilisé tous les moyens imaginables.
   b. La destruction par les manifestants du registre
   c. Malgré cette opposition farouche de la population et malgré l'intervention de nombreux scientifiques
   d. Une nette sensibilisation de toute une frange de la population
   e. La tentation du marginalisme
   f. La création du front antinucléaire.

5. Dans la phrase: «Les mairies ayant refusé de prêter les leurs», remplacez le sujet par «la Mairie de Plogoff» puis continuez la phrase.

6. Dans la phrase: Il semble que EDF fasse le forcing pour imposer son programme à la Bretagne, remplacez «il semble que...» par:

a. Je me demande ..   d. Je crains
b. Il me semble   e. Il serait intéressant de savoir
c. Est-il possible   f. Peut-être

Questions:

1. Pour quelle raison les autorités politiques françaises ont-elles opté pour un programme de construction accélérée de centrales nucléaires? Faites le rapprochement avec la situation internationale dans le domaine de l'énergie.

2. Comment les comités antinucléaires ont-ils réussi à gagner en influence parmi la population bretonne?

3. Justifiez le bien-fondé des quatre grandes orientations dans le travail du CLIN.

4. Qu'appelle-t-on une «enquête d'utilité publique»?

5. Le projet de centrale nucléaire au Pellerin a provoqué d'énormes remous dans la population de la région. Que révèlent-ils sur les rapports entre les principaux concernés et le pouvoir politique de Paris?

6. Quels sont les signes d'une nette sensibilisation de la population bretonne aux problèmes écologiques?

7. Avec quel argument l'EDF, grosse entreprise d'Etat, essaie-t-elle de forcer la main à la population bretonne pour imposer son programme électro-nucléaire?

8. Quelle est la seule perspective qui permettrait aux Bretons de se mobiliser de façon efficace?

Version:

Traduisez en allemand le dernier paragraphe du texte à partir de «Mazoutés aujourd'hui ...» (l. 66).

4. La chanson bretonne à Paris

Il est difficile de faire l'historique de la musique ou de la chanson bretonne. Aux yeux des savants du XVIIIe siècle, les Bretons n'étaient que des barbares ne cultivant point les muses et leur langue n'était qu'un jargon grossier
5 qui ne se prêtait ni à la mesure, ni à la douceur, ni à l'harmonie des vers. Il faudra attendre la venue de Théodore Botrel pour que la France découvre la chanson bretonne. Il sera le digne représentant de sa province dans les cabarets parisiens. Il se rendra célèbre en créant des chansons pseudo-bretonnes. Son pays, il le réduit à l'état de province; sa langue, à l'état d'un mau-
10 vais patois. Avec lui, l'essentiel devient accessoire et l'accessoire essentiel: le pays devient décor; la musique devient ambiance, la culture d'un peuple est réduite à la dimension de folklore. Dès cette époque, de nombreux créateurs, artistes, musiciens furent conscients du danger de la folklorisation. C'est sans doute le chanteur Glenmor

15 qui le premier réussit à défolkloriser la chanson bretonne. C'est lui le pre-
    mier «folk-singer» breton au sens américain du terme. Glenmor, c'est
    d'abord une certaine manière de se proclamer breton. Il a voulu incarner la
    Bretagne. Il s'est appelé Glenmor: un nom fait de terre et de mer.
    Aujourd'hui, grâce à lui, on peut chanter la Bretagne sur tous les tons. Mais
20 en son temps, il fallait se taire ou rompre le silence à grands coups de gueule.
    Pas moyen de se faire entendre autrement. Paris qui l'accueille aujourd'hui,
    en a souvent pris pour son grade. La Bretagne devait être vengée de Bécassi-
    ne. Dans Sodome, une chanson de ses débuts, Glenmor ne fait pas de dé-
    tails: «Sodome, c'est Paris, et Paris c'est la France. On y crève à genoux, on y
25 vit tout pareil.»
    Excessif? on le dit. Mais l'humiliation de l'enfant, interdit de langue breton-
    ne n'avait-elle pas été elle aussi excessive? Le chanteur Glenmor, fils de pay-
    sans de Cornouaille, a conquis son droit à la parole. La révolution politique
    de Glenmor sera complétée plus tard par la révolution musicale de Stivell.
30 Le propos de Glenmor se veut nationaliste et il veut renouer le fil des tradi-
    tions oubliées. Il ouvre ainsi une porte par laquelle va s'engouffrer la nou-
    velle chanson bretonne. La Bretagne et ses chanteurs se trouvent soudain
    projetés sous le feu de l'actualité. Le point culminant de ce réveil musical
    fut, sans doute le passage de Stivell à l'Olympia, car seul Paris peut apporter
35 la consécration officielle. Alan Stivell a repris et remis à l'honneur dans ses
    concerts les anciens instruments traditionnels bretons. Son but est «la con-
    struction d'un monde où les peuples comme leurs cultures, comme les indi-
    vidus sont égaux, un monde sans frontières où nous pourrons communi-
    quer grâce à une langue universelle, l'anglais.» Quand il lutte pour le droit
40 du peuple breton à l'expression, il «lutte pour tous les plus petits pays du
    monde...»
    Nous sommes loin de l'apolitisme de Théodore Botrel. D'ailleurs Gilles Ser-
    vat, un autre «barde» breton lui a répondu dans une de ses chansons:

            «Nous venons dire je suis Breton
45   Je suis Breton en vérité
            Je réclame mon identité
            Au nom des sourds et des muets
            De ceux qui n'osent pas parler
            Au nom des morts dans la misère
50   Sur les richesses de leur terre
            Au nom des exilés épaves
            Qu'on vend sur les marchés d'esclaves
            Au nom des travailleurs en grève
            Au nom des luttes et des rêves
55   Je réclame...!

Gilles Servat crie la révolte dans ses chansons et rapproche celle de la Bretagne de celle du peuple irlandais. Pour lui, les Irlandais et les Ecossais sont les frères de sang des Bretons.

Mais en dépit de la sincérité et du désir d'authenticité des jeunes chanteurs, les dangers ne restent-ils pas les mêmes? Le processus de folklorisation n'est-il pas permanent? Si la création culturelle dans une minorité ethnique est forcément subversive n'est-il pas à craindre que l'on cherche à la combattre ou à la récupérer?

Vocabulaire:

5 **se prêter à:** s'offrir à – 10 **patois,** m.: dialecte employé par une population dont la culture est inférieure à celle du milieu environnant – 22 **en prendre pour son grade:** se faire punir – 31 **s'engouffrer:** se précipiter avec violence par une ouverture – 35 **consécration,** f.: ici: succès – 51 **épave:** ici: abandonné – 59 **en dépit de:** malgré.

CHAUMIERES DE BRETAGNE.

Exercices de vocabulaire et de grammaire:
1. Expliquez la différence entre:
   langue et jargon
   prêter et se prêter à
   le réveil en musique et le réveil musical
   le décor et les coulisses
   l'ambiance et l'ambulance
   le chant et la chanson
   le coup et le cou
2. Expliquez les expressions et mots suivants:
   l'accessoire   le point culminant
   rompre le silence   la folklorisation
3. Transformez les propositions infinitives en propositions subordonnées conjonctives:
   a. Il faudra attendre la venue de Botrel
   b. Il fallait se taire ou rompre le silence
4. Commencez le dernier paragraphe du texte: «mais en dépit ...» par:
   «il m'a demandé si ...» et continuez jusqu'à la fin dans le style indirect.

Questions:
1. Pourquoi la musique bretonne, à travers son histoire, a-t-elle rencontré tant de difficultés à se faire accepter?
2. Quel jugement le texte porte-t-il sur le personnage de Botrel?
3. Que faut-il comprendre par cette action de «défolklorisation» qu'a entamée Glenmor?
4. Pourquoi la chanson bretonne depuis Glenmor a-t-elle recours aux grands coups de gueule?
5. Quelle ligne Glenmor poursuit-il dans son combat politico-musical?
6. Quelle est l'importance que revêt le musicien Stivell?
7. De quoi G. Servat se réclame-t-il lorsqu'il revendique à haute voix sa «bretonnité»?
8. Mais quels sont, malgré une création culturelle originale, les dangers de la chanson régionale qui subsistent?

5. PLANEDENN (Gilles Servat)

Pa ranka dilizel ar ger
Ha mont d'ar brezel da bellvro
Ar c'hleier galv a vralle taer
Ne zuas ket he gwaz en dro

Quand il dut quitter la maison
Et partir à la guerre en pays lointain
L'appel du clocher sonnait violemment
Son homme ne revint jamais

Pa'c'h eo aet kuit da seitek vloaz
E oa koant'vel ur rozenn wenn
Lizher avat n'he deus bet biskoazh
He merch zo kollet da viken

Quand elle est partie à 17 ans
Elle était jolie comme une rose blanche
Aucune lettre elle ne reçut jamais
Sa fille est perdue pour toujours

Ha pa laoskas he mab e barkou
Da vont da velvel'vel an tad
An drez a greskas en e brajou
Gant ar balan hag al linad

Quand son fils laissa ses prés
Pour aller mourir comme le père
La ronce poussa dans les champs
Avec le genêt et l'ortie

Bugale all zo aet da Baris
Bevan aman ne oa ket aes
Bugale all zo da Baris
Skeud an Ankou zo war ar maez

Les autres enfants sont allés à Paris
Vivre ici n'était pas facile
Les autres enfants sont allés à Paris
L'ombre de la mort est sur la campagne

He zi bet gwechall leun a vuhez
A zo digor d'an avel foll
Ha piv a gredo tamall neuze
M'he deus gwinardant war an daol?

Sa maison autrefois pleine de vie
Est ouverte au vent fou
Et qui trouvera quelque chose à dire
Si elle a de l'eau de vie sur la table

Kredit ac'hanon kompagnunez
Evit dastum o fezhiou aour
Un toullad mat eus an ao tronez
A oar ober teil gant ar paour

Croyez-moi compagnons
Pour amasser leurs pièces d'or
Un bon tas de messieurs
Sait faire du fumier avec le pauvre

Arc'hoazh e vo kaset d'an aspis
Hec'h unan gant he ch'alon yen
He bugale zo aet da Baris
Pe da lec'h all n'ouzon ket ken

Demain elle sera mise à l'hospice
Seule avec son cœur froid
Ses enfants sont allés à Paris
Ou ailleurs je ne sais plus

extrait de: Poésie et Chansons, coll. Seghers, No 36

Questions:
1. Quel est le personnage qui parle dans cette chanson?
2. Résumez de façon générale le message de cette chanson. Qu'est-ce qu'elle passe en revue?
3. Quel est le ton de la chanson? Qu'est-ce qui explique la quasi-absence de toute note poétique?

4. Expliquez l'emploi du passé simple dans le texte.
5. L'histoire européenne du 20e siècle sert de toile de fond. Précisez à quels événements le texte fait allusion.
6. Il est également question de graves problèmes économiques dont ont souffert des régions sous-développées telle que la Bretagne. Précisez lesquels.
7. Comment l'idée de la mort est-elle présente dans la chanson?
8. Interprétez l'avant-dernière strophe.

Débat:
1. «La chanson peut devenir une arme importante dans le combat régionaliste.» Prenez position sur les possibilités et les limites de la chanson régionaliste.
2. Recherchez d'autres chansons régionalistes (occitanes, basques, alsaciennes etc.) et faites une étude comparative sur les thèmes et la langue.

FONTAINE A ST-NICOLA-DU-PÉLEN.

987 654 321